Thierry Mbepgue Tafam

Le Chemin De La Liberté

Thierry Mbepgue Tafam

Le Chemin De La Liberté

Combattre l'impérialisme pour rendre à l'Afrique sa liberté

Dictus Publishing

Impressum / Mentions légales

Bibliografische Information der Deutschen Nationalbibliothek: Die Deutsche Nationalbibliothek verzeichnet diese Publikation in der Deutschen Nationalbibliografie; detaillierte bibliografische Daten sind im Internet über http://dnb.d-nb.de abrufbar.
Alle in diesem Buch genannten Marken und Produktnamen unterliegen warenzeichen-, marken- oder patentrechtlichem Schutz bzw. sind Warenzeichen oder eingetragene Warenzeichen der jeweiligen Inhaber. Die Wiedergabe von Marken, Produktnamen, Gebrauchsnamen, Handelsnamen, Warenbezeichnungen u.s.w. in diesem Werk berechtigt auch ohne besondere Kennzeichnung nicht zu der Annahme, dass solche Namen im Sinne der Warenzeichen- und Markenschutzgesetzgebung als frei zu betrachten wären und daher von jedermann benutzt werden dürften.

Information bibliographique publiée par la Deutsche Nationalbibliothek: La Deutsche Nationalbibliothek inscrit cette publication à la Deutsche Nationalbibliografie; des données bibliographiques détaillées sont disponibles sur internet à l'adresse http://dnb.d-nb.de.
Toutes marques et noms de produits mentionnés dans ce livre demeurent sous la protection des marques, des marques déposées et des brevets, et sont des marques ou des marques déposées de leurs détenteurs respectifs. L'utilisation des marques, noms de produits, noms communs, noms commerciaux, descriptions de produits, etc, même sans qu'ils soient mentionnés de façon particulière dans ce livre ne signifie en aucune façon que ces noms peuvent être utilisés sans restriction à l'égard de la législation pour la protection des marques et des marques déposées et pourraient donc être utilisés par quiconque.

Coverbild / Photo de couverture: www.ingimage.com

Verlag / Editeur:
Dictus Publishing
ist ein Imprint der / est une marque déposée de
OmniScriptum GmbH & Co. KG
Heinrich-Böcking-Str. 6-8, 66121 Saarbrücken, Deutschland / Allemagne
Email: info@dictus-publishing.eu

Herstellung: siehe letzte Seite /
Impression: voir la dernière page
ISBN: 978-3-8473-8552-3

LE CHEMIN DE LA LIBERTE

Thierry MBEPGUE TAFAM

LE CHEMIN DE LA LIBERTE

TABLE DES MATIERES

PREFACE

Quelle splendide révélation cet ouvrage nous accorde ! Plusieurs africains ont écrit sur la nature des relations entre la France et l'Afrique, mais cet ouvrage vient une fois de plus éveiller grandement nos consciences par une démonstration spectaculaire et profonde des intérêts mesquins de la France qui utilise le continent africain comme sa propriété privée empêchant de facto tous les pays africain à pouvoir se développés. Pour plusieurs parmi vous qui ignorent les ficelles de la politique, l'auteur de cet ouvrage a réussi en des termes les plus simples à vous faire comprendre les plans machiavéliques de celle qui s'est toujours présenté et considéré comme la protectrice du continent africain : la France. Il est parti des faits historiques pour rappeler aux Africains combien il est important de reprendre la lutte contre l'impérialisme pour laquelle plusieurs leaders avaient été assassinés.

Lire ce livre t'ouvrira sûrement les yeux sur ce que réserve la France au continent Africain à travers sa politique dite « France africaine » qui n'est rien d'autre qu'une politique de domination savamment pensée pour maintenir l'Afrique sous son joug. Un tel ouvrage qui relate l'histoire des complots et hautes trahisons de la France via nos propres dirigeants ne peut être que révélateur de la monté en puissance du sentiment antipolitique Française en Afrique. Je retiens que nos véritables bourreaux ne sont pas seulement la France, mais également les dirigeants Africains à travers leurs caractères indignes et leur politique moribonde.

Plusieurs personnes ont fustigé le mutisme des Africains, plusieurs ont déclaré que les Africains savaient seulement condamner sans toute fois proposées des solutions, mais le combattant Thierry MBEPGUE TAFAM vous propose dans ce livre des solutions à mettre en place pour sortir l'Afrique de ce traquenard infernal. J'admire ce courage et cette force de caractère dont il à fait preuve dans un continent où les leaders dignes se font massacrer pour leurs idéaux. Loin de lui d'en faire de nous chers lecteurs des xénophobes, sachez qu'il ne joue que le rôle de beaucoup d'autres prédécesseurs qui ont posé par le passé la fondation de ce qui allait devenir plus de cinquante années plus tard l'arme principal pour notre affranchissement. Le but de ce livre est de nous faire comprendre et reconnaître les potentialités que regorge l'Afrique, et cela passe indubitablement par le sursaut patriotique, l'amour de sa patrie.

Chers lecteurs, comme l'a dit l'auteur dans son œuvre, le présent et l'avenir nous appartiennent, à nous d'apporter le véritable changement que nos chers devanciers (NKRUMAH, KHADAFI....) ont toujours rêvé et souhaité pour une Afrique Libre.

Bonne lecture
N'Guessan KOUAKOU

AVANT – PROPOS

Chers lecteurs,

Ce livre en plus d'être l'expression de ma vision de la situation politique, sociale et culturelle en Afrique, est également un apport idéologique considérable dans la lutte pour la liberté de notre continent. En effet, l'Afrique, notre continent est resté malgré les indépendances sous domination occidentale et influence capitaliste. Il est bien vrai que nos dirigeants ont tenté depuis lors de trouver des solutions pouvant rendre à notre continent sa liberté et son indépendance sur tous les plans, mais ont-ils atteint leurs objectifs ? Au lendemain de l'accession à l'indépendance de la majorité des états africains, plusieurs institutions ont vu le jour parmi lesquelles, la création de l'Organisation de l'Unité Africaine(OUA) regroupant en son sein des pays indépendants dont le rêve était de fédérer leurs frontières respectives pour en faire un état, « les états unis d'Afrique » Mais seulement, nous constatons avec désarroi et désappointement que malgré cette volonté de nos dignes dirigeants, l'Afrique est restée plus de cinquante années plus tard un continent sous domination et dictat occidental. Notre continent est demeuré à notre grande stupéfaction la proie des états impérialistes qui y imposent des dirigeants à leur guise. Et tout ceci contre la volonté du peuple.

La situation dans laquelle se trouve l'Afrique, ne laisse aucun Africain indifférent dont moi même. La Liberté pour laquelle j'ai toujours combattu est la principale raison qui justifie l'existence de cette œuvre.

Chers lecteurs,

Cet ouvrage attire l'attention des Africains sur le fait que malgré la création de l'Organisation de l'Unité Africaine(OUA) le 25 mai 1963 dont l'objectif premier était d'unifier le continent pour former « les états unis d'Afrique » afin de mettre un terme à cette domination occidentale et permettre à l'Afrique de prendre en main sa propre destinée, le bilan reste mitigé et aucun espoir à l'horizon. C'est bien dommage !

Cet ouvrage explique les imperfections de notre organisation Africaine et les raisons pour lesquelles depuis la création de l'Organisation de l'Unité Africaine en 1963 et sa transformation en Union Africaine en 2002, elle a toujours échoué dans ses tentatives de fédérer les états pour en faire les états unis d'Afrique. Le monde bouge et les mentalités progressent, des changements radicaux sont observés dans d'autres continents, mais malheureusement l'Afrique recule plutôt à la grande satisfaction de ses ennemis. Devons-nous continuer de parler de changement en Afrique ou allons-nous demeurer des éternels enfants incapables de se prendre en charge sans le soutien de l'occident? Telles sont des questions que plusieurs parmi vous se posent certainement aujourd'hui.

Beaucoup d'hommes politiques africains n'ont pas toujours compris que la liberté est comme une graine qui doit être arrosée une fois que l'on l'a plantée. Pendant que vous attendez qu'elle germe, il y a de nombreux obstacles susceptibles de l'empêcher de germer. Les Africains veulent la Liberté, ils l'ont déjà presque, mais ils n'ont pas compris que pendant que cette liberté est presque acquise, l'occident de son côté œuvre à sa confiscation. Notre continent a connu plusieurs crises post- indépendances qui ont dévoilé le visage hideux et haineux de l'occident. De nombreux événements malheureux tels que la crise Ivoirienne et la crise Libyenne ont dévoilé la faiblesse et les limites de l'Union Africaine. Les Africains ont compris à travers ces deux crises jusqu'où pouvait aller l'occident dans la violation des souverainetés des états africains. Nous avons compris à travers ces deux crises jusqu'à quel point les constitutions votées par nos peuples n'étaient rien aux yeux des dirigeants occidentaux.

Loin d'être un livre qui critique sans apporter une solution, Le chemin de la Liberté est également une proposition à l'Union Africaine des reformes à adopter pour une Afrique Libre et Indépendante. C'est un Appel au changement radical des mentalités des peuples africains en général et des dirigeants en particulier. C'est un appel à une prise de conscience collective et enfin une dénonciation de cette politique impérialiste dont est victime le peuple africain directement ou indirectement à travers ses propres enfants.

Thierry MBEPGUE TAFAM

DEDICACE

Je dédis ce livre à tous les enfants digne d'Afrique. Qu'ils ne désespèrent point car une Afrique nouvelle va voir le jour.

REMERCIEMENTS

Je remercie le Dieu tout puissant sans qui rien n'est possible dans nos vies.

Je remercie mes parents pour leur bénédiction et leur soutien sans faille.

Je remercie mon père spirituel qui est mon guide, merci papa.

Je remercie tous ceux qui de près ou de loin me soutiennent dans mon combat car ils ont cru en celui-ci.

LE CHEMIN DE LA LIBERTE

« Comme cet oiseau, quittez la cage dans laquelle vous êtes emprisonnés
pour voler vers la Liberté »

La voie par laquelle on peut aller d'un point à un autre est la définition du mot « chemin » dans le dictionnaire de poche français. Allant sur cette base, nous pouvons affirmer que le chemin de la liberté est la voie par laquelle on peut aller d'un point d'esclavage à celui d'homme libre. L'esclavage nous renvoie à la situation d'un homme qui n'est pas libre, d'un homme qui est considéré comme un objet appartenant à un maître qui a autorité sur lui, c'est un homme qui travaille pour un patron et pour un salaire minable. Et la liberté, c'est le pouvoir de se mouvoir, d'exprimer sa pensée sous forme écrite ou orale, de jouir de ses droits civiques, sans contrainte extérieure. Donc les questions qu'il faut se poser sont celles de savoir si cette voie est facilement empruntable ? Comment est-ce qu'un homme qui n'est pas libre ou considéré comme un objet appartenant à un maître qui a autorité sur lui peut-il aller de ce point à celui d'un homme capable de jouir de ses droits civiques, sans contrainte extérieure ?

L'histoire passée ou récente de l'Afrique nous enseigne que le chemin de la liberté est un chemin parsemé d'embûches. L'homme qui s'engage sur cette voie doit être prêt à affronter humiliations, complots, trahisons et même assassinat. C'est le prix à payer pour parvenir à la liberté chère aux Africains. C'est sachant tout cela que les états africains ont décidé en 1963 de créer l'Organisation de l'Unité Africaine(OUA) dans l'objectif d'unifier le continent pour en faire un pays puissant. Plusieurs dirigeants Africains depuis les indépendances ont été des personnes dont l'action, l'œuvre et les idées ont révolutionné au fil des ans les mentalités et éveillé les consciences. Mais seulement leur minorité au sein d'une organisation en majorité composée de marionnettes à la solde des intérêts impérialistes reste et demeure le principal handicap décisionnel. La facilité, la paresse intellectuelle et l'incompétence notoire de ces marionnettes qui ne peuvent pas prendre une décision sans s'en référer à leurs maîtres les colons mettent en mal le bon déroulement de la feuille de route établie par l'instance dirigeante de l'Union Africaine et l'éloigne de plus en plus des buts à atteindre. Le chemin de la Liberté est donc un chemin périlleux que les Africains se doivent de parcourir ensemble d'où la naissance du panafricanisme.

CHAPITRE I

LE PANAFRICANISME AFFRANCHIRA L'AFRIQUE.

Kwame Nkrumah (21 sept 1909 - 27 Avril 1972)
Indépendantiste et panafricaniste ghanéen

Le panafricanisme est défini comme le mouvement politique et culturel qui considère l'Afrique, les Africains et les descendants d'Africains, hors d'Afrique, comme un seul ensemble visant à régénérer et unifier l'Afrique, ainsi qu'à encourager un sentiment de solidarité entre les populations du monde africain. Il glorifie le passé de l'Afrique et inculque la fierté par les valeurs africaines. Le panafricanisme est une doctrine qui tend à développer l'unité et la solidarité africaine, c'est l'intégration africaine. Une quarantaine de dirigeants de pays africains indépendants regroupés au sein de l'Organisation de l'Unité Africaine (OUA) a lancé à Addis-Abeba le 25 mai 1963 l'idée de créer les états unis d'Afrique. Ainsi naissait l'espoir de voir enfin l'Afrique capable de tirer son épingle du jeu dans les relations internationales avec les grandes puissances et suivre paisiblement son chemin vers la liberté. L'Empereur d'Ethiopie de l'époque qui réalisant que les états africains tels qu'ils étaient avec les frontières délimitées par le colonisateur et la politique impérialiste que celle-ci menait en Afrique, ne pouvaient pas peser sur la scène internationale. C'est alors qu'il use de tout son pouvoir et met tout en œuvre pour que cette charte soit inspirée par l'idée que l'Afrique doit pouvoir s'exprimer de façon unitaire et librement. Cette charte affirme l'égalité souveraine de tous les états membres, le principe de la non-ingérence et le respect de l'intégrité territoriale. A cet effet, plusieurs panafricanistes s'accordent à dire que la véritable indépendance de l'Afrique s'obtiendra à une seule condition : que les Africains s'unissent. L'unité dans le travail, l'unité dans les revendications, l'unité décisionnelle, etc. Aucune revendication ne peut être possible s'il y a aucun effet de masse. Plusieurs leaders africains de l'époque reconnus comme des visionnaires en posant les fondements de l'Organisation de l'Unité Africaine avaient mis l'accent sur l'UNITE qui est la clef pouvant ouvrir la porte de la Liberté.

Grand chantre de l'Unité Africaine, Panafricaniste de la première heure, l'un des fondateurs de l'Organisation de l'Unité Africaine, Le docteur **asagyesfo kwame nkrumah,** déclarait à cet effet dans son discours à Addis-ABEBA le 23 mai 1963 que : « *Notre objectif, c'est, dès maintenant, l'unité africaine. Il n'y a pas de temps à perdre. Nous devons maintenant nous unir ou périr. Je suis certain que par des efforts concertés et notre ferme propos, nous allons jeter ici même les fondations sur lesquelles s'élèvera une union continentale des Etats africains...* » **(Lire le discours complet en annexe à la page 97)** La vision de Nkrumah était de voir les dirigeants africains dépassés les intérêts nationaux et d'œuvrer pour l'Unité africaine. Plusieurs dirigeants et leaders africains feront de cette vision le but de leur combat politique et s'attèleront à œuvrer avec fierté pour l'accomplissement de ce rêve cher aux Africains. Mais malgré cette frange de personnes dignes et courageuses qui se battent tous les jours pour élever l'Afrique à la place qu'elle mérite, notre continent est toujours resté en déliquescence. Cet héritage que NKRUMAH nous a légué est d'une valeur inestimable, c'est l'avenir de l'Afrique. C'est un trésor qui est malheureusement confisqué par une nouvelle vague de dirigeants intéressés qui n'ont pour seul rêve que le maintien de l'Afrique dans la servitude car cela garanti leur maintien au pouvoir. De nombreux observateurs avertis avaient à l'époque dit qu'il était prématuré de croire que l'Afrique au lendemain des indépendances pouvait éliminer si facilement les frontières pour en faire un seul état. D'autres sont même allés jusqu'à prévoir d'éventuelles représailles contre tout dirigeant qui s'aventurerait sur cette voie compte tenu du degré de convoitises de nos ressources naturelles. Au fil des ans, le temps leur a donné raison car plusieurs dirigeants africains seront effectivement des victimes de complots politiques, de hautes trahisons et même d'assassinats pour leurs idéaux. C'est l'ensemble de tous ces éléments qui constituera le principal obstacle que l'Afrique se doit de traverser avant de pouvoir acquérir sa liberté. Le dit testament politique des fondateurs de cette Union dont le contenu n'est pas un secret pour nous, tarde à être réalisé parce que tous les dirigeants du continent qui défendaient ces idées ont tous subi la fureur de l'impérialisme occidental. Ils ont, tout en sachant que la voie qu'ils avaient emprunté était périlleuse, œuvré au point de donner leur vie pour l'aboutissement de leur lutte qui est la Liberté.

Pour justifier leurs attachements aux valeurs impérialistes, plusieurs dirigeants ont avancé la thèse de la civilisation et du développement. Pour ces derniers, les Africains étaient incapables de créer, d'innover, de produire et de transformer ses propres matières premières. Selon eux, il fallait demeurer sous protectorat ou laisser l'occident développer l'Afrique à notre place. Mais moi je vous le dis que ce n'est qu'un prétexte pour nous envahir car l'Afrique produisait et transformait ses ressources naturelles bien avant l'arrivée du colonisateur. Chers frères et sœurs, sachez que bien avant l'arrivée du Colon, les Africains avaient déjà développé certaines technologies qui pour la plupart ont été des sources d'inspiration de plusieurs inventeurs occidentaux. Je vais justifier mes propos par un exemple sur la production du textile. Savez vous que la production textile (soie, velours, etc.) existait dans plusieurs royaumes africains depuis l'antiquité et notamment celui de Monomotapa (Great Zimbabwe) dès le 9ème Siècle? Plusieurs Africains ne le savent pas car pour confisquer leur civilisation et les emmener à douter de leur propre capacité, certaines vérités ont été cachées par les colonisateurs. Pour reprendre les travaux du grand archéologue W. G. L. Randle qui s'est spécialisé dans l'étude du sous-sol du great Zimbabwe, « ce n'était pas seulement le coton que l'on tissait, mais aussi certaines écorces d'arbres. » A Monomotapa, ajoute-t-il, « l'art de tisser remonte au moins au XIe siècle, comme en témoigne les disques perforés en terre cuite, trouvés dans les sites archéologiques. Le Royaume du Kongo qui était voisin a bénéficié de cette technique du tissage à fuseau tant et si bien que l'anthropologue allemand leo Frobenuis en était ébloui lorsqu'il y arriva au début de 1904. Frobenius est l'un des premiers ethnologues à remettre en cause les bases idéologiques du colonialisme, en contestant notamment l'idée que les Européens auraient trouvé en Afrique des peuples véritablement sauvages, auxquels ils auraient apporté la civilisation. Il écrit :« *Lorsqu'ils arrivèrent dans la baie de Guinée et abordèrent à Vaïda, les capitaines furent fort étonnés de trouver des rues bien aménagées, bordées sur une longueur de plusieurs lieues par deux rangées d'arbres ; ils traversèrent pendant de longs jours une campagne couverte de champs magnifiques, habités par des hommes vêtus de costumes éclatants dont ils avaient tissé l'étoffe eux-mêmes ! Plus au sud, dans le Royaume du Congo, une foule grouillante habillée de « soie » et de « velours », de grands États bien ordonnés, et cela dans les moindres détails, des souverains puissants, des industries opulentes. Civilisés jusqu'à la moelle des os ! Et toute semblable était la condition des pays à la côte orientale, le Mozambique, par exemple1 » (Cité dans Tropiques, n°5, avril 1942, et par Cheikh Anta Diop, Nations nègres et cultures, Présence Africaine, 1954).* Plusieurs cas de figure ou autres exemples démontrant que nos dirigeants qui justifient leurs attachements aux colonisateurs et aux valeurs impérialistes par ce manque de capacité de production sont des marionnettes à la solde de l'occident qu'il faut combattre par tous les moyens.

Le panafricanisme n'est pas une doctrine qui prône la solitude, qui défend la rupture avec l'occident. Il n'est pas contre toute coopération avec l'occident et même des autres continents. C'est l'union pour solution à la médiocrité de notre situation, une réalité économique et une assurance pour suivre en toute tranquillité le chemin menant à la liberté. Si ensemble la solution doit être trouvée ailleurs alors pourquoi pas. J'ai toujours dit avec conviction que la cause de l'acculturation est le manque de pérennisation de la politique panafricaniste. Le suivisme et la paresse intellectuels sont deux éléments qui détournent les Africains de leur propre histoire. Quelle stratégie l'union Africaine a-t-elle adopté pour pérenniser ou maintenir en vie nos valeurs culturelles ? L'Union Africaine a-t-elle pensé à la sauvegarde de nos richesses ancestrales ? Au lieu de faire la promotion de sa propre création, les Africains l'ignorent pour s'en accaparer celle des autres. En d'autre terme, les Africains préfèrent la photocopie à l'originale pour la simple raison qu'ils ne croient pas en leur propre création. Aucune politique économique fiable allant dans le sens de la mise en œuvre du nouvel ordre économique mondial pour laquelle l'Afrique aura son mot à dire n'a été pensée et mise en œuvre jusqu'à nos jours. Au contraire, l'Afrique se contente d'attendre les décisions de l'occident. Aucune Liberté Economique. Les activités de l'Union Africaine sont bien définies, mais certains dirigeants de cette organisation œuvrent pour sa régression et sa soumission à l'occident qui est son plus grand financier. Et en l'étant, c'est lui qui dicte la façon dont l'Union Africaine doit fonctionner. Nous ne pouvons pas prétendre être sur le chemin de la liberté et en même temps nous soumettre aux dictats de celui qui confisque cette Liberté ? C'est un paradoxe.

On retiendra que la division, la trahison, la lâcheté, l'incrédulité sont les obstacles qui empêchent l'Union Africaine d'atteindre son objectif qui est d'œuvrer pour la Liberté du continent dont la création des états unis d'Afrique est le moyen le plus efficace. Le Panafricanisme est l'Avenir de l'Afrique, il doit être comme une religion pour les africains, considérez qu'après Dieu c'est le Panafricanisme, considérez qu'après Dieu c'est votre continent, l'Afrique. Éduquez vos enfants dans ce sens. Enseignez leurs la véritable histoire de l'Afrique, expliquez leurs pourquoi les blancs ont longtemps persécuté et continue de persécuter nos leaders. Expliquez-leurs les vrais raisons de l'assassinat de KADHAFI, de SANKARA, de LUMUMBA. Enseignez-leur la vraie démocratie, dites leur qu'ils ne doivent jamais tourner le dos à leur culture et que la tradition de leurs ancêtres est sacrée. Dites à vos enfants que personne d'autre qu'eux ne viendra développer leur continent à leur place. Enseignez-leur ce qu'est le Franc CFA et pourquoi il faut s'en débarrasser le plus rapidement possible. Ainsi, on dégagera de notre chemin tous les obstacles qui nous empêchaient d'atteindre la liberté.

CHAPITRE II

TRAITRISE, MESQUINERIE SONT LA FORCE DES DIRIGEANTS AFRICAINS.

"...Chez les autres races, le rôle du traitre se limite en général à l'individu médiocre et irresponsable. Les traîtres de la race noire, malheureusement, sont la plupart du temps, des gens haut placés par l'instruction et la position sociale, ceux-là même qui s'arrogent le titre de leaders. De nos jours, en effet, tout individu, ou presque, qui tente sa chance comme leader de la race, commence par s'établir, tel un animal domestique, dans les faveurs d'un philanthrope d'une autre race : il va le voir, dénigre sa race dans les termes les plus vils, humilie sa fierté d'homme, et gagne ainsi la sympathie du «grand bienfaiteur», qui lui dicte ce qu'il doit faire dans son rôle de leader de la race noire..."

24

Qui est souvent à la cour du roi, finit toujours par trahir ses amis. Trahir son pays, être infidèle à l'égard du peuple et les lois qui régissent le bon fonctionnement des institutions de l'état sont autant d'éléments qui caractérisent plusieurs dirigeants africains. Des véritables charmeurs lorsqu'ils sont encore du côté de l'opposition et grands menteurs quand ils arrivent au pouvoir. Ce sont des agneaux qui promettent ciel et terre au peuple pour se faire élire mais une fois au pouvoir deviennent de véritables loups aux dents en fer prêt à dévorer le premier qui revendiquera la tenue de ses promesses. Ce manque de grandeur, de noblesse et de générosité dont ils font l'objet se fait ressentir jusque dans le sein de la plus grande organisation africaine. Ces manitous du temps moderne devenus des experts en manipulation sont le loc de toute idée panafricaniste à travers leur politique pestilentielle qui s'exprime par un lymphatisme aigu. Pourquoi nos dirigeants sont ils souvent obligés de trahir leurs peuples une fois au pouvoir ? En quoi cela est-il un frein au développement de l'Afrique et un obstacle sur le chemin de la Liberté ?

Pendant les années de braises des indépendances et postindépendances, plusieurs leaders africains panafricanistes considérés comme une gêne pour les puissances coloniales et un obstacle à l'impérialisme seront arrêtés avec la complicité de certains Africains et déportés hors de leurs pays respectifs ou même assassinés pour les plus malchanceux. Les dirigeants qui sont alors installés à la suite de ces renversements se retrouvent de facto à jouer le rôle du nègre de service compte tenu du fait de leurs dépendances aux prescriptions coloniales et aussi de leurs reconnaissances à celui qui les a porté à la tête de leur pays. Après les assassinats de Patrice LUMUMBA, de Thomas SANKARA tous deux trahis par leurs plus proches collaborateurs, plusieurs autres chefs d'états africains, chantres du panafricanisme seront livrés à l'impérialisme occidental. J'ai encore un souvenir récent de l'arrestation en Côte d'Ivoire le 11 Avril 2011 par l'armée française d'un dirigeant pourtant constitutionnellement élu par le peuple. Certains dirigeants africains se sont réjouis du musèlement et de l'humiliation infligé au président des Ivoiriens, GBAGBO Laurent par la France tout en oubliant que celui qui rame dans le sens du courant fait rire le crocodile car le salaire du traître c'est soit la Honte, soit la Mort. Plus récemment, le silence coupable de l'Union Africaine a remis au grand jour la laideur de leurs actes perfides puisqu'en livrant le guide libyen le colonel Mouammar KADHAFI aux assassins impérialistes, ils avaient oublié que la mort engloutit l'homme mais pas son nom et sa réputation. Les Africains se serviront éternellement de sa vision, son courage et son idéologie pour s'affranchir. Il n'est d'aucun doute que ce sont les occidentaux qui assassinent nos dirigeants pour la plu part, mais reconnaissons tout de même que l'Afrique a joué et continue d'ailleurs de jouer un rôle important dans la planification des différents complots.

En Afrique, il est connu de tous qu'aucun sorcier ne peut atteindre une famille sans le concours d'au moins un membre de cette famille. Alors, sachez qu'aucun Africain ne peut être assassiné sans le concours d'un autre Africain. Depuis les années 1960, les assassinats des leaders et dirigeants africains seront perpétrés ou fomentés par des pays étrangers et avec la complicité des Africains indignes en vue de maintenir perpétuellement les nations nègres sous leur joug. Ce phénomène de haute trahison ou de mesquinerie politique qui est un véritable frein à notre développement a pris de l'ampleur en Afrique pour la simple raison que les Africains sont de plus en plus jaloux, envieux, anti progressistes et remplis de haine. Il suffit qu'un Africain ait la chance du destin de travailler dans une organisation internationale puissante comme l'Organisation des Nations Unies(ONU) ou le Fond Monétaire International(FMI) ou même encore la Banque Mondiale(BM) qu'il s'en servira pour nuire au régime de son pays d'origine. Au lieu d'utiliser son statut pour bâtir sa nation, il s'en servira pour faciliter sa destruction. Au lieu d'utiliser son statut pour le développement de son continent, il s'en sévira pour favoriser son pillage. Au lieu de se servir de son statut pour booster l'économie de l'Afrique, il s'en servira pour entretenir les bandes armées. Les rébellions en Afrique ne sont pas toutes des manifestations de mécontentement d'une partie du peuple mais aussi le moyen d'assouvissement des envies égoïstes et des règlements de comptes politiques. La trahison détruit, elle vous condamne à devenir l'esclave de celui à qui vous livrez votre propre frère.

J'invite donc le peuple africain à ne plus partager un même repas avec le diable, pour qu'il ne s'en serve plus comme prétexte demain pour l'attaquer. Tous ces Africains qui ont choisi la trahison comme moyen de faire la politique, n'auront que leurs yeux pour pleurer car ceux à qui ils ont livré leurs frères effaceront les traces de leur forfaiture en les supprimant un à un dès qu'ils n'auront plus besoin d'eux. Ne nous y trompons pas, l'Union Africaine est sur la voie qui mène à la Liberté, mais le chemin à parcourir est encore très long si le testament laissé par nos devanciers qui ont eu l'ingénieuse idée d'unir l'Afrique pour la rendre plus forte n'est pas respectée.

CHAPITRE III

UNION AFRICAINE, QUEL BILAN APRES PLUS DE CINQUANTE ANNEES POSTINDEPENDANCES?

Les chefs d'états Africains lors d'un sommet de l'Union Africaine à Addis-Abeba en Ethiopie

L'Union Africaine(UA) qui a succédé à l'Organisation de l'Unité Africaine(OUA) en 2002 avait célébré en grande pompe son cinquantième anniversaire pourtant si l'on s'en tient aux travaux abattus, le seul constat qui se dégage est que le bilan du travail de l'Union Africaine est négatif. Ceci n'est pas ignoré des dirigeants africains eux même. C'était d'ailleurs pour essayer de camoufler leurs faiblesses et renforcer leurs capacités décisionnelles que les dirigeants africains avaient décidé des années en arrière de changer l'identité pour devenir l'Union Africaine. Nos dirigeants cherchaient ainsi un second souffle en s'inspirant des succès économique et politique de l'Union Européenne(UE). Mais est-ce que ce souffle a servi à sauver notre union qui était à l'agonie ? L'union Africaine a-t-elle œuvré efficacement contre les fléaux qui minent le continent ?

Ce demi-siècle d'existence de l'Union Africaine démontre tout simplement que si rien n'est fait, il restera beaucoup de chemins à parcourir pour que l'Afrique soit enfin un continent Libre et Uni. L'Union Africaine est demeurée une organisation qui regroupe en son sein beaucoup de dictateurs corrompus qui doivent leurs longévités aux parrainages néocoloniaux des puissances qui les ont coptés. Au lieu d'œuvrer à la promotion de la démocratie, des droits de l'homme et du développement à travers l'Afrique en augmentant des investissements extérieurs par l'intermédiaire du programme du Nouveau Partenariat pour le Développement de l'Afrique (NEPAD), certains de nos dirigeants mal élus ou venus au pouvoir de façon anticonstitutionnelle ont plutôt œuvré pour la violation des droits de l'homme et le dépècement de l'Afrique. Ils ont été les vecteurs de nombreuses guerres qu'a connues l'Afrique ces derniers cinquante ans. L'instabilité politique chronique qui ne cesse de croître à une vitesse vertigineuse a plongé l'Afrique dans une situation déplorable. Au lieu que la paix et la démocratie soient des préalables indispensables au développement durable, nous avons assisté ces cinquante années passées à une montée en puissance des pratiques anti-démocratiques qui se justifient par ces nombreuses cas de coups d'états et rébellions armées sur notre continent. Les guerres, les prises de pouvoir par les armes ont eu un impact considérable sur la crédibilité de l'Union Africaine, allant jusqu'à hypothéquer les perspectives de stabilité structurelle et de développement durable à long terme du continent. Les conflits ont entraîné la mort de millions de personnes, infligé des blessures et des exactions sans mesure. Ces conflits ont gâché un nombre incalculable de vies humaines. Selon l'organisation International Alert, en Afrique, les conflits ont toujours eu des imbrications régionales. Depuis les années quatre-vingt en particulier, c'est la portée et la nature des liens interrégionaux et mondiaux qui ont changé. On a acquis aussi une meilleure compréhension de la dynamique régionale des conflits, qui se reflète de plus en plus dans les politiques de l'UE et de ses États-membres. Des conflits, strictement interétatiques à l'origine, s'enveniment souvent à cause d'une forte teneur transfrontalière, et finissent par déstabiliser des régions entières. Des groupes armés, dont des enfants soldats, sont recrutés sous la contrainte et emmenés combattre au-delà des frontières. Le cas de la rébellion Ivoirienne, Centrafricaine et Congolaise.

Les enfants soldats recrutés de force pour des rebellions en Afrique.

L'exploitation et le commerce des ressources naturelles alimentent les conflits au niveau régional. Les armes légères et les ressources financières franchissent les frontières, et les habitants sont contraints d'abandonner leur foyer pour échapper à la violence, à la famine et à l'injustice, grossissant le nombre des réfugiés.

Les populations contraints à abandonner leur patrie pour l'exil

Au cours de la décennie écoulée, les conflits intervenus notamment dans la République Démocratique du Congo, au Libéria, au Soudan, en Côte d'Ivoire, en Libye et en Angola comportaient tous une forte teneur régionale. Ils ont collectivement entraîné quatorze pays africains dans la spirale de la violence. Les décideurs ont fini par admettre que, pour être efficace, la prévention des conflits ne peut pas être appréhendée seulement en termes d'état de droit ou d'intervention militaire intérieure (y compris la gestion des crises). Pour comprendre l'origine, les causes et la dynamique d'un conflit, qui sont souvent multiples et complexes, il faut des analyses solides. L'Union Africaine n'a pas lutté efficacement contre l'accès illégal aux ressources nationales et naturelles, les opportunités et le pouvoir politique, de même que la prolifération des armes légères qui sont autant de facteurs parmi d'autres qui pérennisent les conflits sur le sol africain. Ce sont généralement des maux de ce type qui sont à l'origine d'injustices ou de griefs bien réels ou perçus comme tels entre des groupes identitaires et qui peuvent dégénérer en violences ethniques par exemple. Ces facteurs résultent aussi de problèmes structurels dus à la faiblesse de la gouvernance et à la mauvaise gestion économique ; citons, notamment, l'absence de garantie en matière de sécurité, le poids de la dette, l'impopularité des politiques macros économiques, la carence des services sociaux et la dégradation des termes de l'échange. Je peux accepter le fait que de nombreux conflits n'aient pas trouvé de solutions venant de l'Organisation de l'Unité Africaine(OUA) car sa charte n'avait pas envisagé les conflits internes, mais en ce qui concerne l'Union Africaine(UA) il est inadmissible que cette institution laisse détruire les valeurs de l'Afrique sous nos yeux. C'est pourquoi je vais me limiter sur le rôle joué par l'Union Africaine(UA) depuis 2002 sa date de création.

Plusieurs crises ont secoué l'Afrique ces dernières années, mais je vais me contenter dans les chapitres suivants de parler de deux principaux événements qui ont permis de mesurer l'ampleur et la profondeur du drame que court l'Afrique. Ces événements que sont la crise ivoirienne et la crise libyenne ont non seulement permis de comprendre jusqu'à quel point l'Afrique n'était qu'un simple instrument aux yeux des occidentaux, mais également un continent dans lequel plusieurs dirigeants sont en réalité des pions installés de force par l'occident pour œuvrer pour son maintien dans la servitude. Tout en rappelant que l'un des objectifs de l'Union Africaine est de veiller au respect de la souveraineté des pays membres, cette organisation s'est muée en profanateur des principes qu'elle s'était pourtant elle-même défini à sa création. Son silence face aux persécutions et autres souffrances infligées à certains leaders africains sont la cause de la progression de l'influence impérialiste sur notre continent. Beaucoup d'Africains se demandent toujours où était l'Union Africaine pour assurer la sécurité du président Libyen, le colonel Mouammar KADHAFI avant qu'il ne se fasse assassiner comme un chien par l'OTAN sous la conduite de la France ? Où était l'Union Africaine pendant que l'armée française bombardait la résidence du président GBAGBO Laurent en Côte d'Ivoire ? L'Union Africaine, hormis les quelques missions de maintien de la paix effectuées en Afrique, a surtout fait office de club de rencontre régulière entre chefs d'États africains. Elle a été impuissante face aux coups d'états au Niger et à Madagascar, lors du conflit postélectoral en Côte d'Ivoire et l'invasion de la Libye par l'OTAN qui a abouti à l'assassinat lâche du Colonel KADHAFI.

Cette impuissance est la conséquence de sa proximité avec les puissances occidentales qui en sont ses plus grands financiers. Dans de telles conditions, elle devient tout simplement un jouet entre leurs mains. L'avènement d'une Afrique stable et unie politiquement passera par le refus de ces financements. Les Africains n'ont aucun futur s'ils continuent de se réjouir de leur présent. Lorsque je parle de se réjouir du présent, je fais allusion à l'immobilisme des peuples d'Afrique face à la terreur que subissent certains de leurs frères et sœurs.

CHAPITRE IV

LA CRISE IVOIRIENNE : GBAGBO LAURENT, UNE CARRIERE POLITIQUE DEDIEE AU COMBAT POUR LA LIBERTE.

Le Président Laurent GBAGBO lors d'une tournée dans son pays, la Côte d'Ivoire.

Le monde entier a vécu en direct le coup d'état militaire accompagné de la capture par la France du président constitutionnellement élu de Côte d'Ivoire.

La résidence du président GBAGBO Laurent bombardé par l'armée Française a Abidjan

Laurent GBAGBO puisque c'est de lui qu'il s'agit est un fervent défenseur de la cause africaine et un combattant infatigable de la liberté. Après plusieurs années passées dans l'opposition il réussi à accéder au pouvoir à l'issue des élections présidentielles de 2000. Mais les complots politiques, les attaques répétées contre son pays et la rébellion armée qui avait divisé le pays en deux parties l'empêchera de dérouler son programme de gouvernement comme il le prévoyait. L'appétit grandissant des impérialistes pour les ressources de son pays va pousser la communauté internationale à lui faire des propositions que ce dernier trouvera insultant et pas profitable pour la Côte d'Ivoire. Et ce refus poli de céder les ressources naturelles de la Côte d'Ivoire à un prix dérisoire sera le début d'un calvaire politique pour lui puisque cette fameuse communauté internationale va mettre tout en œuvre pour le renverser en Avril 2011. Quelle est la cause de la crise ivoirienne ? Le coup d'état perpétré contre lui marque t-il la fin de son combat pour la liberté de l'Afrique ? Qu'est-ce que l'Afrique retiendra de son combat ?

Oh ! Que c'est très dur de gouverner en Afrique pour un dirigeant porteur d'une vision commune et animé par un esprit de liberté. Unité et Liberté sont les deux éléments essentiels qui constituent l'objectif visé par le panafricanisme. Le patriote Laurent GBAGBO qui est l'un des porteurs vivant de cette vision, va axer sa politique sur la recherche de l'équilibre entre l'Afrique et l'occident. Il va également plaider pour une coopération gagnant-gagnant qui implique le respect de son pays comme un état libre de prendre ses décisions et puis l'Afrique comme un continent souverain, libre de se prendre en main. S'était l'occasion pour les Africains de dire non au dictat occidental. Mais hélas ! Une fois de plus, l'immobilisme ou la proximité de l'Union Africaine avec les occidentaux va aboutir à la destruction des différents acquis démocratiques dans ce pays d'Afrique. De tels acquis qui puisent leur source dans le marigot de la lutte acharnée que nos vaillants leaders ont mené par le passé vont une fois de plus tarir à la grande satisfaction des bourreaux de l'Afrique. C'est pourquoi l'on ne peut pas parler objectivement de la crise ivoirienne sans faire un flash back dans son histoire.

Avant même la prise du pouvoir par le président GBAGBO Laurent, le mal était déjà installé en Côte d'Ivoire. À l'irruption d'Alassane DRAMANE OUATTARA sur la scène politique ivoirienne, et suite à la prise de pouvoir d'Henri KONAN BEDIE, Akan lui aussi et successeur d'Houphouët BOIGNY, le jeu des alliances va se trouver modifié. Nous sommes alors dans le contexte post-multipartite des années 90. Le Front Populaire Ivoirien (FPI) leader de l'opposition a à sa tête Laurent GBAGBO, qu'on pourrait présenter comme le « successeur politique » du défunt KRAGBE Gnagbé disparu dans des circonstances jamais élucidées en 1970 parce que réclamant l'application de l'article 7 de la constitution ivoirienne qui reconnaissait le multipartisme. Tous deux étant de l'ethnie Bété. Le leader du FPI reconnu pour sa force de caractère et pour le respect de sa patrie, a alors deux séries de revendications : d'une part la fin de l'immixtion des étrangers dans la vie politique nationale, par la suppression du droit de vote qui leur était jusque là reconnu ; d'autre part la question foncière: les paysans de l'Ouest forestier ont le sentiment que la politique libérale d'HOUPHOUET, selon laquelle la terre appartient à celui qui la met en valeur, les a spoliés de leurs terres. Le leader du FPI réclame donc en leur faveur une réforme foncière pour éviter d'aboutir à ce qui serait selon lui une situation de paysans sans terre en Côte d'Ivoire. La revendication du non immixtion des étrangers dans la vie politique de la côte d'ivoire était en cette époque une façon de rappeler à monsieur OUATTARA et tous les autres ressortissants étrangers résidant en Côte d'Ivoire qu'ils n'étaient pas autorisés à occuper un poste de dirigeant puisque la constitution leur en interdisait. Suite à cela, monsieur OUATTARA ne sachant plus quoi faire a opté pour la solution armée après avoir prévenu qu'il frappera le gouvernement d'alors. C'est ainsi que le premier coup d'état mené par le sergent Ibrahim Coulibaly dit IB (homme de main d'Alassane DRAMANE OUATTARA) fut perpétré contre Henri KONAN BEDIE en 1999 et le feu général GUEI Robert est porté à la tête du pays pendant une année avec pour mission d'organiser les élections présidentielles démocratiques et transparentes. A l'issue des élections présidentielles organisées en 2000, monsieur GBAGBO Laurent remporte et prend la tête du pays comme président de la république. Mais ce dernier sera victime à son tour d'une tentative de coup d'état manqué en septembre 2002 organisée par la France et le Burkina-Faso qui se transforme en rébellion armée jusqu'en 2011. Après les événements de 2002, l'Union Africaine n'était pas intervenue et le pays depuis ce temps était resté diviser en deux grandes parties : les zones centre-nord, ouest où les rebelles pillaient, tuaient et violaient en toute impunité ; les zone sud, est et une partie de l'ouest restées sous le contrôle gouvernemental. GBAGBO Laurent qui venait à peine d'être démocratiquement élu chercha des solutions de sorties de crise pacifique, cette recherche de solution à travers tribunes et négociations secrètes rapproche d'ailleurs certains rebelles du pouvoir et tout cela sous les yeux de la France, surtout de l'Union Africaine. De nombreux accords seront signés par la suite d'où celui de Ouagadougou qui obligeait les rebelles à désarmer via la représentation des nations unies en côte d'ivoire (ONUCI) dans sa résolution 1633 en son point 14. Mais sous la pression de la France et sa communauté internationale composée de quelques pays d'Europe, GBAGBO Laurent seul contre tous accepte d'aller aux élections malgré que les rebelles ne soient par désarmés pour qu'une Côte d'Ivoire démocratique se dégage d'une Côte d'Ivoire désorganisée et le gagnant reconnaisse sa place et le perdant également. C'est donc la communauté internationale qui a insisté pour que la Côte d'Ivoire organise des élections, même si elle savait que les conditions n'étaient pas réunies pour mener de telles élections. Bien qu'ils aient su que cette proposition était fondamentalement mauvaise, les Ivoiriens ne pouvaient pas résister à la pression internationale à la tenue des élections. Les élections auront donc lieu et le président GBAGBO Laurent déclaré vainqueur à l'issue de cela par le conseil constitutionnel de son pays comme le veut la constitution qui est un ensemble de règles qui s'impose à tout le peuple, même aux élus. Face à cette cuisante défaite, le candidat de la communauté internationale n'entendra pas de cette oreille et c'est alors que la machine de déstabilisation est lancée. Des attaques sporadiques dans le pays, des occupations de certains secteurs stratégiques du pays par les forces onusiennes, un commando invisible voit le jour dans une commune de la capitale. Même l'ONUCI qui avait certifié les résultats normalement au premier tour après avoir attendu que le conseil constitutionnel donne le résultat définitif comme le demande son mandat a choisi de faire le contraire au second tour en certifiant en violation de son mandat un résultat donné au second tour par la Commission Electorale Indépendante(CEI) dans le Quartier général de monsieur Alassane DRAMANE OUATTARA au golf hôtel alors que le délai lui imparti était dépassé. Face à toutes ces attaques armées et assassinats ciblés, le gouvernement décide donc de déployer les forces de l'ordre dans tout le pays pour protéger la population et rétablir l'ordre. Ce qui va alors plonger la Côte d'Ivoire dans une grave crise post électorale qui fera beaucoup de victimes parmi lesquels le feu Désiré TAGRO secrétaire général à la présidence de la république et plus de 2000 jeunes patriotes bombardés par les forces spéciales françaises. Beaucoup d'autres victimes seront comptées dans tous les camps. Le chiffre de 3000 victimes sera officiellement annoncé même si nous savons tous qu'il était bien plus élevé.

Le président GBAGBO Laurent sera alors capturé en compagnie de ses proches et plusieurs membres de sa famille par les forces spéciales françaises et remis aux forces rebelles de Ouattara. Il sera conduit au QG de campagne de ce dernier qui était devenu une base rebelle encadrée par l'ONU et les forces françaises. Ses proches seront humiliés, la première dame Simone GBAGBO brutalisée, mise à moitié nue en direct devant les chaînes de télévisions internationales, ses cheveux arrachés. Elle sera exhibée comme un trophée de guerre. En tout cas, le golf hôtel était devenu ce jour un zoo humain où chacun venait prendre ses photos et faire ses grimaces à ses pensionnaires. Comment traiter ainsi la première dame de Côte d'Ivoire, député de la commune d'Abobo et présidente d'un groupe parlementaire ? Ceux qui justifiaient l'existence de leur rébellion par un désir d'instaurer la démocratie en Côte d'Ivoire montrait ainsi un exemple de ce que deviendra le pays. La France qui était au centre de toutes ces violations donnait ainsi son accord pour que le droit de l'homme soit dorénavant violer en toute impunité en Côte d'Ivoire.

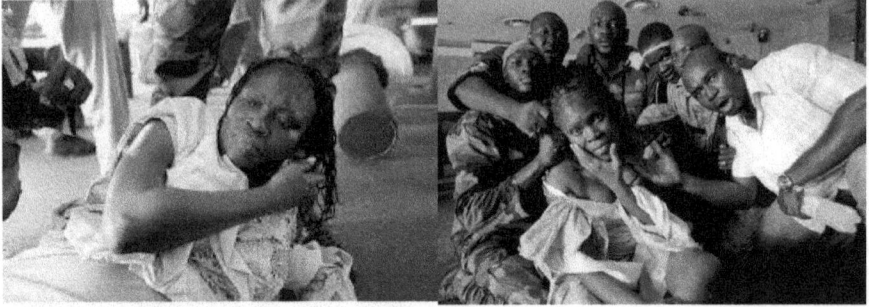
Simone GBAGBO, epouse de GBAGBO Laurent à son arrivée au Golf Hôtel

Les ministres et autres membres de gouvernement seront tabassés, humiliés et exhibés comme des singes dans une cage, son fils Michel GBAGBO torturé, battu à sang. Tout le monde l'a vu sur la chaîne de télévision France24. Et tout ceci sans que l'Union Africaine n'ose broncher. Ça me rappelle l'époque coloniale.

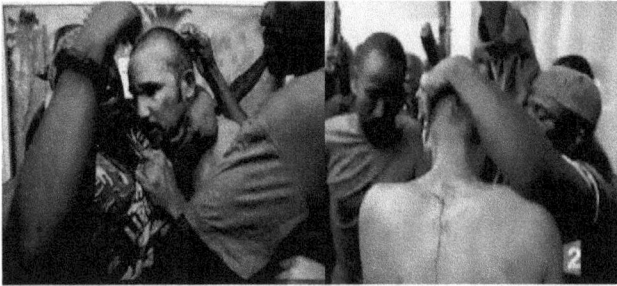
Michel GBAGBO au Golf hotel

L'Ambassadeur Jean Jacque BECHIO à son arrivée au Golf Hotel

42

Le ministre Desire TAGRO, assassiné ce jour du 11 Avril 2011

Sous les yeux de l'Union Africaine, plusieurs Ivoiriens proches du président GBAGBO Laurent seront injustement arrêtés et emprisonnés des mois ou des années durant sans jugement pour les plus chanceux et assassinés pour les moins chanceux. A quoi sert donc l'Union Africaine si elle est incapable de contraindre un état membre à respecter la dignité humaine ?

Certains chefs d'états à l'instar de Blaise COMPAORE du Burkina-Faso, Abdoulaye WADE ex-président du Sénégal, Faure GNASSINGBE du Togo, GOODLUCK du Nigeria ont jubilé tout en ignorant que ce n'était pas les idées de GBAGBO qu'ils venaient d'arrêter. Ils ont sabré le champagne sans mesurer l'ampleur de l'influence des idées de GBAGBO sur les Africains. La fête ne sera que de courte durée pour ces ennemis de l'Afrique car ils comprendront à leur dépend que le peuple ivoirien et africain s'étaient souvenu de cette déclaration de leur leader : « si je tombe au combat, enjambez mon corps et continuez la lutte… » Les patriotes d'Afrique et du monde sans plus attendre, ont pensé et mis sur pied chacun à son niveau des stratégies de lutte. Des nombreux moyens de communication sont donc mis à contribution, de nombreux mouvements patriotiques et de libérations voient le jour. Le sursaut patriotique est observé dans tous les pays d'Afrique. Les Africains ont mis à nu les comploteurs et leur méthode impérialiste, les jeunes s'intéressent de plus en plus à la politique. De plus en plus de voix s'élèvent pour exiger la fin de la domination des puissances impérialistes en Afrique.

Les Africains ont manifesté partout en Europe pour exiger sa libération.

A chaque situation ses leçons à retenir. Le plus important n'est pas de suivre aveuglement les autres mais il est important pour tous les Africains de retenir l'essentiel qui est inconditionnellement le but du combat qu'ils mènent. Il a consacré sa vie à tracer le chemin de la Liberté afin que les générations futures y parcourent sans crainte. Je retiens de lui qu'il est un homme qui peut tout négocier sauf la souveraineté de son pays, il est l'ennemi vivant de toute politique impérialiste. Il lutte pour l'égalité des peuples et le respect de tous les pays africains en tant que pays indépendants jouissant de tous leurs droits et non des pays sous protectorats coloniaux. C'est un homme qui évite de nuire à autrui car les blessures du cœur ou meurtrissures sont sources de révolte. L'oppression sauvage des peuples et leur assujettissement injuste mènent toujours à la révolte et au sacrifice suprême qui est de donner sa vie pour son peuple et il l'a démontré. Par la faute de L'Union Africaine qui refuse de prendre ses responsabilités et s'assumer comme une vraie organisation, Les guerres injustes que les impérialistes livrent à l'Afrique chaque jour a bien évidemment pondu un monstre qui déchirera tout à son passage le moment venu.

CHAPITRE V

L'UA ASSASSINE LE COLONEL MOUAMMAR KADHAFI

Le colonel Mouammar KADHAFI, le père de l'UA assassiné par l'OTAN par la faute de l'Union Africaine.

Le véritable handicap au développement de notre continent reste le manque d'unité entre les africains et la jalousie ambiante qui caractérise les différentes classes sociales africaines. Il suffit que vous développiez des idées novatrices et révolutionnaires que votre propre frère vous attaque ou vous liquide sans état d'âme. La haine et la jalousie qui existent entre nous africains nous poussent à envoyer au cimetière nos cerveaux, nos héros, nos scientifiques, etc. L'Union Africaine n'a pas été en mesure de protéger son fondateur qui était le dirigeant le plus aimé, le plus courageux et le plus dévoué à la lutte pour la liberté de l'Afrique. Un digne combattant de la liberté de l'Afrique a dû faire face tout seul à une armée impérialiste soutenue par les états impérialistes dont le prétexte de l'intervention était l'installation de la démocratie. Kadhafi avant sa mort alors qu'il se faisait pilonner par la plus grosse armée impérialiste de tous les temps avait déclaré : << *Maintenant, je suis sous le feu de la plus grosse force armée de l'Histoire, mon cher fils africain, Obama, désire me tuer, prendre notre liberté, prendre notre médecine gratuite pour tous, nos logements gratuits, notre éducation gratuite, notre nourriture gratuite et remplacer tout cela par le banditisme de grand chemin à l'américaine appelé "capitalisme", mais nous tous dans le tiers monde savons ce que cela signifie; cela signifie que les grosses industries dirigent les pays, le monde et les peuples souffrent, ainsi, il n'y a aucune alternative pour moi, je dois rester ferme, et si Dieu le veut, je mourrais suivant ce chemin, ce chemin qui a fait de notre pays, un pays riche en ressources agricoles, avec une nourriture abondante et une bonne santé pour tous et nous a même permis d'aider nos frères et sœurs africains et arabes à travailler ici avec nous, dans la Jammohouriyah libyenne. Je ne désire pas mourir, mais si cela doit être, pour sauver ce pays, mon peuple et tous les milliers qui sont mes enfants, alors que cela soit.* >> Celui que les occidentaux traitaient de dictateur n'avait pour seul rêve que d'affranchir l'Afrique et lui rendre sa dignité. Et conscient que cet affranchissement ne pouvant se faire sans obstacle, il avait éveillé les consciences et préparé les Africains à faire face à toutes sortes d'éventualités. Qui d'autre que l'Union Africaine était mieux placée pour savoir que cette raison évoquée pour attaquer la Libye n'était qu'un prétexte pour assassiner celui qui s'apprêtait à réaliser plusieurs projets devant libérer l'Afrique de l'emprise et du dictat économique occidental dont les plus importants sont le projet RASCOM 1 pour la couverture satellitaire de toute l'Afrique et le Fonds Monétaire Africain (42 milliards de dollar contre 25 milliards de dollar pour le grand FMI) devant booster le développement de notre continent ? Malgré cela, les dirigeants africains ont encore laissé que le mal conduise l'un de nos vaillants fils au cimetière. Envoyer toutes les richesses de l'Afrique au cimetière est devenu un véritable fléau qu'il faut combattre avec l'énergie la plus forte. Qu'a fait l'Union Africaine pour empêcher ça ?

Cette question ne s'adresse évidemment pas au bien trop rares Africains qui ont tenté quelque chose. Mais plutôt particulièrement à l'Union Africaine que je considère comme la seule organisation capable de s'opposer au dictat occidental. L'Union Africaine s'est limitée à faire des déclarations alors qu'il lui suffisait de déployer une force en Libye pour non seulement imposer la paix mais également pour protéger les milliers de civils libyens qui ont péri sous les bombes de l'OTAN et la France.

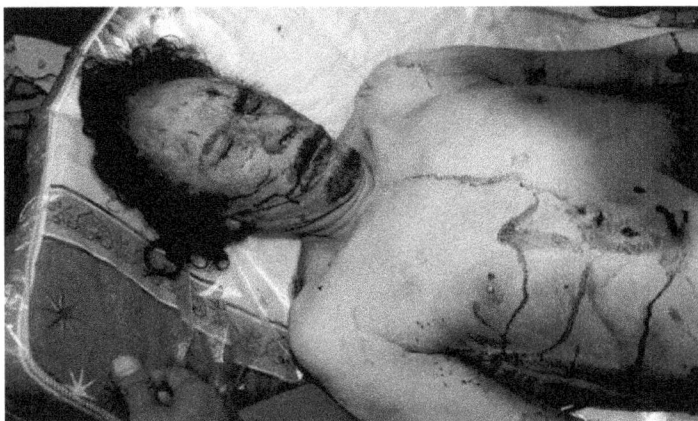

Bertolt Brecht n'avait-il pas raison en déclarant : « *Il ya des hommes qui luttent un jour et sont bons Il ya d'autres qui luttent un an et sont mieux Il ya certains qui luttent depuis plusieurs années et sont très bons mais il ya ceux qui luttent toute leur vie :... Ils sont indispensables* »

La mort de KADHAFI s'ajoute à celles des grands leaders qui luttaient pour l'indépendance vraie de l'Afrique. J'ai très mal au cœur, je souffre dans ma chair pas pour le guide KADHAFI seulement, mais pour l'Afrique entière. KADHAFI lança la compagnie de transport Afriqiyah Airawyas, qui assure la liaison entre les capitales africaines et régions du continent. Pour aller à Paris depuis Abidjan, le Caire, Dakar, Tripoli, et revenir : 615 Euros. En dehors du Caire, ajoutez 300 euros avec Air France. Kadhafi a investi des milliards de dollars dans les secteurs agricoles, hydrocarbures, hôtellerie et tourisme, et dans l'équipement. Au Tchad, en Côte d'Ivoire, au Ghana, au Sénégal, au Libéria, au Bénin, en Guinée, au Togo, au Nigéria, au Burkina, au Niger, au Mali. Juste dans l'hôtellerie, cinquante milliards de francs CFA au Mali. KADHAFI a créé les banques sahélo-sahariennes au Sénégal, Mali, Niger, Mauritanie, Tchad, etc.., et à chaque fois, à coup de milliards de dollars. Il racheta plusieurs compagnies occidentales en Afrique pour réduire leur emprise sur les économies du continent. C'est par exemple le cas de Mobile Oil, du groupe américain Exxon Mobile, qui est devenu Oil Libya dans la majeure partie de la sous-région Ouest africaine. La Guinée-Conakry doit sa toute première chaîne de télévision en 1979 à Mouammar KHADAFI. Il a également équipé l'armée guinéenne, de l'armement lourd aux uniformes des soldats pendant plusieurs décennies. Sans compter un appui financier gigantesque. Voilà un dictateur préférable à un CNT composé par des terroristes d'Al-Qaïda. Selon les occidentaux la dictature, c'est dire non aux impérialistes et la démocratie c'est se laisser spolier par ces derniers. Donc méfiez vous dorénavant de ces puissances qui se cachent derrière le concept de démocratie pour envahir votre pays.   L'occident ne voulait pas voir

KADHAFI réussir son pari de 2014 : la mise en place d'une union monétaire africaine (UMA). Il avait également prévu la création d'une Banque Centrale Africaine (BCA), qui devrait installer son quartier général à Abuja, la capitale fédérale du Nigeria. Il était question que cette banque africaine commence à émettre une monnaie africaine à partir de 2014.

Que tous les chefs d'états africains dignes poursuivent le projet tant désiré de KADHAFI, ce projet pour lequel il a été martyrisé. Il a toujours voulu une Afrique unie, libre et indépendante, il a d'ailleurs montré l'exemple par la Libye qui selon un rapport de la CIA était le deuxième pays le plus riche d'Afrique et le vingtième mondial. Ce qui reste indiscutable c'est que la France grandement assistée de sa communauté dite internationale avec l'Otan comme bras exécutif des sales besognes est entrain d'assassiner les dirigeants africains les uns après les autres pour après voler et piller leurs ressources une fois son forfait accompli. Reconnaître ce fait et avoir le courage de le dénoncer seraient déjà avoir fait un pas vers la vraie indépendance. Mouammar KADHAFI est tombé sur le chemin de la liberté. Ses ennemis ont jubilé, les ennemis de la liberté de l'Afrique ont célébré tout en ignorant qu'ils avaient aussi un ennemi, le temps. L'ennemi du traître c'est le "temps" car avec lui, le voile qui masquait son visage se déchire toujours. Laissez toujours encore plus de temps et les visages des traîtres vous seront dévoilés.

Vibrant hommage rendu à Kadhafi lors du match cameroun-libye à Ydé

CHAPITRE VI

HEGEMONIE FRANCAISE EN AFRIQUE, LE SILENCE COUPABLE DE L'UA.

Soldat français brandissant un drapeau ivoirien le 11 avril après le coup d'état

Bien que depuis les années 1960 la quasi-totalité des pays africains ait accédé à l'indépendance, plus de cinquante années plus tard l'Afrique francophone reste toujours non souveraine et soumis aux ordres de la France. Mécontents que certains chefs d'états africains aient préféré la liberté dans la pauvreté à la richesse dans l'esclavage, les hommes politiques français, décidés de donner un autre sens aux relations entre la France et l'Afrique ont pensé et mis en place un nouveau modèle de coopération appelé « France-Afrique » qui consiste à maintenir l'Afrique sous son protectorat. La France-Afrique qui autrefois prônait des relations particulières entre la France et ses anciennes colonies africaines devient alors au fil du temps une politique de corruption, de marchandage, de soutien des potentats et d'exploitation de matières premières. La France à travers sa politique France-Africaine a soutenu et protégé de nombreux dictateurs en Afrique, perpétré de nombreux coups d'états et surtout assassiné plusieurs dirigeants et leaders politiques africains. Des accords secrets, des soutiens militaires indirects, des financements occultes ont été négociés par la France avec des Etats africains. L'objectif visé par celle-ci est politique et économique : maintenir une sphère d'influence importante en Afrique (déterminant par exemple pour les votes à l'ONU) et exploiter la richesse des matières premières. A cela sont venus se greffer des réseaux de corruption qui ont permis à certains dirigeants politiques mais aussi dirigeants d'entreprises de s'enrichir. F.X. Verschave définit la France-Afrique comme une nébuleuse d'acteurs économiques, politiques et militaires, en France et en Afrique, organisée en réseaux et lobbies, et polarisée sur l'accaparement de deux rentes : les matières premières et l'aide publique au développement. La logique de cette ponction est d'interdire l'initiative hors du cercle des initiés. Le système autodégradant se recycle dans la criminalisation. Il est naturellement hostile à la démocratie. Voilà qui est bien dit, cette politique est anti-démocratique et par conséquent est très dangereux pour l'arène politique africaine.

Plusieurs colonies africaines ont obtenu leurs indépendances dans les années 1960 et mécontent, le général DE GAULLE a aussitôt créé à l'Elysée une "cellule" composée de plusieurs diplomates sous son autorité pour maintenir d'étroites relations avec les anciennes colonies. Jacques FOCCART que beaucoup présente comme son précurseur était l'élément central de l'impérialisme français en Afrique. Grâce à lui, le système colonial français se transforma en néo-colonialisme. Il est responsable de centaines de milliers de morts sur le continent africain. C'est d'ailleurs lui qui a dirigé cette cellule africaine jusqu'en 1974. Les présidents suivants, GISCARD, MITTERAND, CHIRAC et leurs successeurs ont maintenu cette cellule africaine malgré le désir des Africains de la voir disparaître. Pendant toutes ces années, la "cellule Afrique" a soutenu des dirigeants, déjoué des coups d'états et fomenté d'autres, encouragé des fraudes électorales massives pour préserver ses intérêts et pour maintenir l'influence de la France dans ses anciennes colonies. Tout ceci s'est fait au détriment du développement de la démocratie et du développement économique dans ces pays.

Jacques Foccart, le patron de la France-Afrique, 1974

« Jacques Foccart, de son vrai nom Koch, était l'élément central de l'impérialisme français en Afrique. Grâce à lui, le système colonial français se transforma en néo-colonialisme. Il est responsable de centaines de milliers de morts sur le continent africain»

Je constate qu'après nos nombreuses revendications et malgré notre opposition féroce, la « France Afrique » vit toujours mais sous une autre forme et cela dure depuis bien longtemps. La France s'est attribuée illégitimement le droit de nous gouverner, de nous donner des ordres avec obligation d'exécution. Elle s'est attribuée une nouvelle mission dite de « démocratisation » qui n'est pas totalement différente de celle qui leur avait servi de prétexte pour nous coloniser c'est-à-dire « venir nous civiliser »

Comme hier pour la civilisation, la France aujourd'hui se cache derrière la « démocratie » pour piller l'Afrique de ses grandes richesses et ainsi infliger au peuple une souffrance inimaginable. Plus de cinquante années après nos tristes indépendances obtenues pour la plus part dans le sang, la France continue de marquer les esprits des africains par son ingérence flagrante dans leurs affaires, elle décide de qui va diriger ou ne va pas diriger un état pourtant souverain. C'est d'ailleurs le rôle important que joue leur armée déployée dans plusieurs pays d'Afrique. Marraine des politiques anti-démocratiques, promotrice des méthodes violentes, ennemie de nos constitutions, telles sont autant de qualités que nous reconnaissons en l'armée française qui a installé et désinstallé plusieurs régimes en Afrique contre la volonté des peuples. Elle crée, arme, entraîne et finance des rébellions ou groupes armés sur le continent africain (*les cas récent de la Côte d'Ivoire et la République Centrafricaine*). Pour accentuer la pression sur les dirigeants africains, la France a pris soin de déployer dans la majorité du territoire de ses anciennes colonies des bases militaires.

L'indépendance n'était que de façade, c'est une indépendance sous très haute surveillance. L'on ne peut pas prétendre avoir donné à l'Afrique son indépendance et en même temps y installer autant de bases militaires comme l'a fait la France si ce n'est pas pour orchestrer des coups d'états militaires ou même pour faire chanter nos dirigeants afin de les soumettre à leur dictat. L'Afrique en général et en particulier l'Afrique francophone doit comprendre que la moindre coopération avec la France dans un climat pareil ne mènera qu'au néant, il est donc grand temps de mettre un terme à ces accords fantaisistes qu'ils appellent « accords de défenses ».

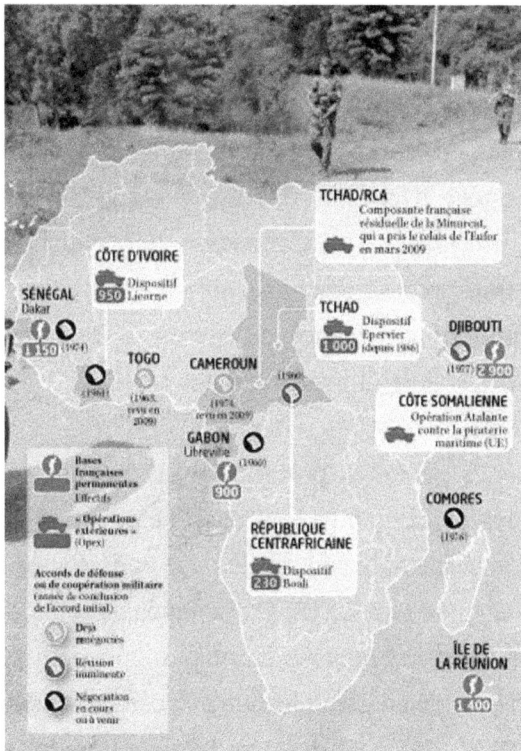

LES DIFFERENTES BASES MILITAIRES FRANÇAISE EN AFRIQUE.

Les Africains doivent comprendre que le premier rôle d'une armée est de dissuader, raison pour laquelle tout pays détenant une arme nucléaire est craint et reste intouchable. Ce n'est pas en signant une coopération militaire avec la France qu'on dissuadera un adversaire ou un ennemi que l'on ne connaît même pas d'ailleurs. Qu'un seul chef de ces états de l'Afrique Francophone me dise contre qui ou contre quel adversaire la France les protège? NON, chers frères et sœurs, ce n'est pas vous qu'elle protège mais plutôt ses intérêts, elle protège le Franc CFA, elle vous empêche de diversifier vos coopérations avec les autres pays du monde sous prétexte d'une exclusivité qui serait inscrite dans les différents accords de défenses qui ne sont rien d'autre que des accords de soumissions économiques.

Pour justifier leur présence militaire en Afrique, la France a l'habitude de présenter comme priorité la sécurité de leurs ressortissants vivant en Afrique. Allant sur ce principe de protection, voudrait-elle ainsi dire que l'Afrique est une jungle ou n'existe aucune loi ou règle de fonctionnement ? La France pense t- elle avoir plus de ressortissants en Afrique que les africains résidants en France ? Qu'attendent donc nos dirigeants pour installer au nom de la réciprocité des bases militaires africaines en France et partout en Europe pour nous protéger au cas où Al-Qaïda se déciderait à frapper comme il l'avait fait le 11 septembre aux USA ?

Africains, indignez-vous contre la présence militaire française en Afrique, j'appelle les dirigeants africains à rompre avec ce genre de coopération au détriment d'une union solide et basée sur des traités d'infrangibilités qui nous mènera à coup sûr vers les ETATS UNIS d'Afriques. C'est une présence qui a servi à déstabiliser plusieurs régimes en Afrique, à opérer plusieurs coups d'états sur le continent africain parmi lesquels *l'opération « **Barracuda** » en Centrafrique entre **1979-1981** pour destituer l'empereur président BOKASSA et le remplacer par David DACKO, opération « licorne » 2002-2011 pour enlever le président GBAGBO Laurent pourtant élu démocratiquement.* La France œuvre également à travers cette politique pour que les africains ne puissent pas se réunir autour d'une vraie organisation souveraine. Les raisons du blocage des ambitions de l'Union Africaine découlent en réalité d'un principe tout simple. Rappelons que "celui qui emprunte est l'esclave de celui qui prête". Or les principales ressources de l'Union Africaine proviennent des Etats non africains, majoritairement de la France et l'Union Européenne.

Ces différents agissements remettent effectivement en cause le principe de souveraineté autorisant chaque Etat à agir d'elle-même en fonctions de ses règles et principes. Il est lamentable de constater qu'au XXIe siècle, les français ne comprennent pas enfin que les pays africains veulent être réellement indépendants, qu'ils veulent prendre en main leur propre destin. C'est surtout écœurant de voir que beaucoup de dirigeants africains se plaisent à être aux ordres de la France au point d'abandonner leur premier objectif qui n'est rien d'autre que servir leur peuple. J'ai très mal quand je vois mes frères africains accepter de prendre les armes pour décimer leur propre peuple pour des intérêts autres que celui du peuple en question.

VICTIMES DES REBELLES. HOMMES, FEMMES ET ENFANTS MASSACRES

Je souffre dans ma peau quand certains hommes politiques africains avec le concours des dirigeants et médias français montent les musulmans contre les chrétiens dans l'objectif de créer une guerre civile pour favoriser l'accession des leurs au pouvoir. C'est inadmissible qu'en Afrique on trouve encore des conseillers français de peau blanche n'ayant aucune nationalité d'un pays africain à la tête de tous les ministères et même de la présidence. Cela laisse à croire que nous africains sommes toujours perçus comme des éternels enfants incapables de se prendre en charge. Je n'arrive pas à comprendre pourquoi certains africains abandonnent carrément leur culture au détriment de la culture occidentale. Dites-moi pourquoi l'Union Européenne s'ingère tant dans les affaires africaines comme si notre continent était en Europe ? Quand est- ce que les troupes africaines iront résoudre le conflit israélo-palestinien ou rétablir de force la paix dans un conflit au proche orient ? Nos chefs d'états des anciennes colonies françaises (*côte d'ivoire, Togo, bénin, Congo, Cameroun etc.*) devraient avoir honte que même jusqu'à présent se soit la France qui décide à leur place au siège de l'organisation des nations unies (ONU) ; c'est au nom de quoi ? Pourquoi nos chefs d'états ne cherchent pas à savoir ce qui explique le fait que les difficultés financières de la France se répercutent immédiatement sur nous ? Jusqu'à quand cela va durer ?

Pour se défendre face à cet éveil des consciences des peuples d'Afrique, beaucoup d'hommes politiques et même certaines Organisations Non Gouvernementales(ONG) françaises ont tenté de détourner l'attention des uns et des autres en leur faisant croire que cet éveil n'était rien d'autre qu'une montée en puissance du sentiment anti-français, ne soyez pas surpris que ces mêmes personnes me traitent de xénophobe. Que ces hommes politiques français et leurs collabos en Afrique arrêtent de se recroqueviller derrière ce mot "ANTIFRANÇAIS" dans l'espoir de masquer leurs crimes en Afrique. L'Afrique n'a rien contre le peuple français. Au contraire, la seule chose que nous demandons : c'est notre Liberté. Nous ne voulons plus que la France nous impose des présidents à la tête de nos états, nous ne voulons plus la présence de l'armée française en Afrique, la France doit nous reconnaître comme des états entièrement indépendants tant sur le plan politique que sur le plan économique et social. Nous ne voulons plus de coopération à intérêt unilatéral, coopération axée sur le pillage de nos ressources. La France doit cesser de former et d'entretenir des rébellions en Afrique. Que le peuple français sache qu'il est la bienvenue en Afrique s'il s'engage à respecter nos principes et nos lois comme nous africains respections les leurs en France.

Chers frères et sœurs, il n'est jamais trop tard pour prendre conscience et se mettre au travail, il est temps pour nous de prendre notre destin en main, il est temps que nous trouvions une solution africaine à nos problèmes, il est temps pour tous les africains de s'unir car la France se sert de notre division pour nous dominer. Croyez moi, notre union fera de nous une super puissance car notre ressource naturelle est énorme, nos sous sols sont très riches, nos forêts sont denses. Comme le disait le **colonel MOUAMMAR KADHAFI** *(assassiné par la France et l'OTAN en 2010)* « *L'Afrique est le berceau de l'humanité et c'est nous qui leur avons appris la morale, l'éthique. Nous sommes capables de leur donner des leçons de morale jusqu'à présent...* » Nous avons des potentialités, raison pour laquelle la France met tout en œuvre pour nous diviser, une Afrique réellement unie fera trembler le monde j'en suis sûr. Nous avons des capacités intellectuelles pour créer, pour prendre la technologie et la science partout où nous pourrons les trouver. Fiers Africains, allez partout dans le monde apprendre pour revenir réaliser dans votre pays, sur votre continent. Honorons cette déclaration du capitaine SANKARA Thomas : « *Faisons en sorte que le marché africain soit le marché des africains : produire en Afrique, transformer en Afrique et consommer en Afrique, produisons ce dont nous avons besoin et consommons ce dont nous produisons au lieu de chaque fois importer...* »

Le Panafricaniste SANKARA, président du Burkina-Faso mort assassiné le 15 octobre 1987 à Ouagadougou au Burkina Faso

QUELQUES EXEMPLES DE POLITIQUE FRANÇAFRICAINE

CHIRAC avec Omar BONGO, ancien des services secrets français, le plus ancien dictateur africain. Le Gabon c'est 40 ans de rente pétrolière évaporée au profit de Bongo, de son clan, des dirigeants d'Elf et de la classe politique française.

Pdt CHIRAC de France et BONGO du Gabon

MOBUTU, "roi du Zaïre", a bénéficié du soutien inconditionnel de la France tout au long de son règne. A sa mort, Mobutu était l'un des 10 hommes les plus riches du monde. Inversement, les zaïrois étaient le peuple le plus pauvre de la planète!

mubutu seseko du Zaïre

CHIRAC avec feu GNASSINGBE Eyadéma, ancien dictateur du Togo. La France a été complice de cette horrible dictature qui a forcé 10% de la population togolaise à l'exil pendant 4 décennies. Et cela continue avec l'élection truquée et sanglante (soutenue par la France) de son fils Faure en avril 2005.

J. CHIRA de France et feu EYADEMA du Togo

MITTERAND avec Juvénal HABYARIMANA, ancien président hutu extrémiste du Rwanda qui fut à l'origine du génocide. Au-delà de toute raison, la France a soutenu militairement, financièrement et diplomatiquement le régime génocidaire hutu avant, pendant et après le génocide (800 000 morts)

Mitterrand avec Habyarimana

CHIRAC en compagnie de Denis Sassou N'GUESSO, président du Congo. En 1997 la France organisa le retour en force au pouvoir de son ami dictateur Sassou, chassé par une vague démocratique. La guerre civile qui s'ensuivit fit près de 200 000 morts.

CHIRAC ET SASSOU NGUESSO

SARKOZY en compagnie de DRAMANE OUATTARA, chef de l'état de Côte d'Ivoire. En avril 2011, l'armée Française sous ordre de Nicolas SARKOZY renverse le président GBAGBO Laurent pour installer DRAMANE OUATTARA.

SARKOZY ET DRAMANE OUATTARA

21 PRESIDENTS AFRICAINS, ONT ETE ASSASSINES DEPUIS 1963

1963	Sylvanus OLYMPIO	Togo
1966	John-Aguiyi IRONSI	Nigeria
1969	Abdirachid-Ali SHERMAKE	Somalie
1972	Abeid-Amani KARUME	Zanzibar
1975	Richard RATSIMANDRAVA	Madagascar
1975	François-Ngarta TOMBALBAYE	Tchad
1976	Murtala-Ramat MOHAMMED	Nigeria
1977	Marien NGOUABI	Congo-B

1977	Teferi BANTE	d'Ethiopie
1981	Anouar EL-SADATE	Egypte
1981	William-Richard TOLBERT	Liberia
1987	Thomas SANKARA	Burkina-Faso
1989	Ahmed ABDALLAH	Comores
1989	Samuel-Kanyon DOE	Liberia
1992	Mohammed BOUDIAF	Algérie
1993	Melchior NDADAYE	Burundi
1994	Cyprien NTARYAMIRA	Burundi
1994	Juvénal HABYARIMANA	Rwanda
1999	Ibrahim Barré-MAÏNASSARA	Niger
2001	Laurent-Désiré KABILA	RDC
2011	Mouammar KADHAFI	Libye

CHAPITRE VII

SURSAUT PATRIOTIQUE, ARME REDOUTABLE POUR COMBATTRE L'IMPERIALISME

Le nouvel élan patriotique, l'amour que les africains ressentent pour leur pays respectif augure des lendemains meilleurs en ce qui concerne la lutte pour la liberté politique et économique des africains. Le chemin de la liberté qui est un chemin périlleux se doit d'être parcouru par les enfants de l'Afrique tous unis comme un seul peuple déterminé à voir le bout du tunnel. Ce ne sera pas une tâche facile certes mais le seul sentiment d'amour éprouvé par ceux-ci vis-à-vis de leurs nations est l'élément qui les arme de courage et fait d'eux des guerriers prêts à en découdre avec quiconque s'attaque à un seul centimètre de leur territoire. Les impérialistes dans de telles conditions, peuvent-ils continuer d'occuper illégalement nos territoires sans être inquiété ni par l'Union Africaine ou ni même par les enfants de l'Afrique? La domination politique ou économique que certaines puissances occidentales exercent sur l'Afrique apparaît comme étant la cause principale de nombreux conflits armés sur notre continent. Cette domination accompagnée d'intimidations, d'assassinats massifs et de pillages reste et demeure la raison principale pour laquelle les Africains mènent une lutte acharnée contre l'occident et sa politique africaine. Le fait que de plus en plus d'entreprises étrangères s'impatronisent dans nos états, y mènent en toute impunité et contradiction avec nos lois leurs activités perverses a entraîné une impécuniosité aigue au sein du peuple qui jusqu'à nos jours peine à trouver la solution idoine pour rétablir son équilibre. Plusieurs dirigeants africains ont essayé dans le passé de résoudre ce problème crucial en employant la méthode forte qui est celle de la désobéissance et des armes avant d'apprendre à leur dépend que l'adversaire était prêt à aller jusqu'à la destruction des millions de vies pour maintenir son hégémonie en Afrique. Face à leur tentative infructueuse et compte tenu de l'évolution des mentalités, comment devons nous faire pour refondre l'ancien modèle de coopération entre les états africains et occidentaux en un modèle plus juste basé sur le respect de notre dignité et surtout le respect de notre souveraineté ? Comment allons-nous vaincre définitivement l'impérialisme en Afrique et booter les impérialistes hors de nos territoires ? Nous ne pouvons pas répondre objectivement aux questions précédentes sans toute fois parler de notre continent avant l'arrivée des colonialistes. Nous allons ensuite définir la nature actuelle de la coopération Occident Afrique avant de parler de la façon dont les Africains peuvent booter hors de leur continent les impérialistes. Il faudrait déjà expliquer quel est son impact négatif sur le développement de l'Afrique, sur les Africains et surtout sur la relation entre l'Afrique et l'Occident.

Bien avant l'arrivée des colons en Afrique, le continent n'était pas une jungle habitée par des sauvages comme on essaye de nous faire croire à travers les écrits. Puisqu'un sauvage est un être qui recherche la solitude, c'est quelqu'un qui n'est pas civilisé. N'est-ce pas justement parce que nos aïeux ne recherchaient pas la solitude comme les sauvages qu'ils ont accueilli les explorateurs blancs sur leurs territoires ? Nos parents vivaient ils en dehors de la civilisation ? Civiliser c'est améliorer l'état intellectuel et moral d'un peuple, mais cette amélioration ne se mesure pas seulement à l'état intellectuel et moral d'un autre peuple qui s'auto-octroi la qualité supérieure de son état, ni même se mesure à la couleur de la peau de ce peuple. L'Afrique est le berceau de la civilisation alors dans quel type de civilisation les Africains ne sont ils pas encore suffisamment entrés comme l'affirmait Nicolas SARKOZY, ce dirigeant impérialiste français en visite au Sénégal en juin 2008 ? Ceci n'était donc qu'un prétexte pour envahir notre continent. Ce prétexte s'avère être d'ailleurs le socle sur lequel se base les impérialistes pour nous maintenir dans la servitude. Il est par ailleurs important de mentionner cette mutation honteuse qu'on observe dans la mentalité africaine qui pourtant autrefois était basée sur le respect de la personnalité humaine, le vivre ensemble et l'amour pour le prochain. Les Africains vivaient en paix et dans une tranquillité sans pareil. Les petits conflits ethniques trouvaient rapidement des solutions grâce à leur sens de la justice et leur capacité de surpasser leur ego. La situation économique était adaptée à l'environnement socioculturel et chacun y trouvait son compte. Mais avec l'arrivée des autoproclamés civilisés, les Africains se sont vus imposer un modèle de vie en total déphasage avec leur réalité quotidienne. Un modèle économique basé sur le pillage de ses ressources naturelles, un modèle politique basé sur la tricherie et l'imposture, un modèle culturel basé sur l'éradication de leurs rites et coutumes. Mais comme il est impossible de se débarrasser totalement de ses tendances naturelles ou de tenter de les dissimuler, ces nouveaux modèles de vie et de coopération qu'ils ont tenté d'imposer aux Africains se sont avérés avec le fil du temps être un leurre car la vraie nature des Africains a fini par les rattraper. Il n'est plus question qu'on vive divisé ou qu'on laisse notre territoire être administré par des individus installés à la tête de nos états à coups de canon et de sang versé. Le peuple dans sa grande majorité a compris qu'il est temps de mettre en avant l'intérêt de la patrie avec son intérêt personnel. C'est ce qu'on appelle un sursaut patriotique ! En quoi ce sursaut peut-il être une arme pour combattre l'impérialisme ?

Cette domination politique et économique que certaines puissances occidentales exercent sur l'Afrique se fait soit de façon directe ou de façon indirecte. Sans aucun mandat de l'Organisation des Nations Unies(ONU), de l'Union Africaine(UA) et en toute violation flagrante du Droit International, l'armée impérialiste française est intervenue directement à plusieurs reprises en Afrique pour installer des chefs d'états contre la volonté du peuple. Pour perpétrer des coups d'états militaires contre les présidents pas dociles qui refusent de céder à leurs exigences et pour soutenir ces chefs d'états dociles, indignes qui œuvrent pour piller les ressources de leurs pays au détriment de la France. Nous pouvons citer comme exemple le cas de la République Centrafricaine avec l'opération Caban qui fut montée par la

France en 1979 pour renverser le président centrafricain BOKASSA Ier. Comme la République Centrafricaine, plusieurs autres cas d'interventions directes ont été enregistrés en Afrique, toujours pour le même but : installer une marionnette. Et à chaque fois l'armée nationale est restée dans l'incapacité de défendre le pays des pratiques de l'oppresseur. C'est pour résoudre le problème de cette incapacité à faire face militairement à ces armées impérialistes qu'un sursaut patriotique reste l'issue idéale. Le peuple dans son ensemble doit se soulever à chaque fois comme un seul homme pour s'interposer et mettre un terme à cette violation flagrante de nos constitutions et de nos souverainetés. Je me souviens comme si c'était hier la démonstration magnifique des vaillants patriotes ivoiriens qui exaspérés par le comportement on ne peut plus insupportable de la France avait décidé de prendre les affaires en mains en se levant comme un seul peuple pour défendre leur président et leur patrie car des éléments de la force française licorne avaient encerclé la résidence du chef de l'Etat avec une cinquantaine de chars. Leur but étant d'enlever Laurent Gbagbo du pouvoir, et installer leur marionnette. Le peuple digne de Côte d'Ivoire qui a vu ce geste comme une humiliation de trop, s'est souvenu que par le passé aucune armée nationale n'avait fait face à une force impérialiste en Afrique et a alors pris la résolution d'aller les mains nues, assurer la protection de leur président afin que personne ne puisse le toucher. Un président de la république venait ainsi d'être sauvé grâce au sursaut patriotique.

Le temps passe, les mentalités progressent et tout le monde s'en rend compte de la supercherie. Avec de nombreuses voix qui se faisaient de plus en plus entendre pour revendiquer le strict respect des pays africains comme étant des états véritablement indépendants, les impérialistes ont décidé de changer de politique en agissant dorénavant via certains Africains. C'est ainsi que de façon indirecte, les impérialistes créent des rébellions, arment des bandes armées en Afrique, financent des groupes terroristes pour semer un traumatisme au sein de la population. Le but visé de leur manœuvre demeurant toujours le renversement des régimes, seule la stratégie subit un changement de façade, Ils font d'une pierre deux coups. Leurs interventions seront désormais couronnées par l'installation d'une base militaire dans le pays de leur choix. Mais une fois de plus, le patriotisme sera l'arme principale pour les vaincre. Un patriote est une personne incapable d'attaquer militairement sa patrie, c'est quelqu'un qui garde son allégeance à son pays quoi qu'il arrive. Un patriote n'accepterait en aucun cas prendre les armes pour combattre sa propre nation, quelque soit la gravité de sa revendication, le degré de sa colère, il n'attaquera en aucun cas sa patrie. Au contraire, il est prêt à mourir pour la défense de celui-ci. Donc, un peuple sans un amour pour la patrie est un peuple en proie à l'impérialisme. Par qui passeront-ils si la majorité des Africains comprend le bien fondé du comportement patriotique ? C'est justement parce que les Africains ont compris cela qu'ils ont commencé à installer de force des bases militaires partout en Afrique. Et si par extraordinaire, il arrivait que des marionnettes à la solde de l'impérialisme réussissaient à être installées au pouvoir dans leurs pays, ceux-ci ne pourront pas diriger en toute tranquillité. Le cas du chef rebelle DIOTODJA Michel de la rébellion de l'ex-seleka en Centrafrique est l'exemple idéal pour vous édifier.

Le patriotisme fait grandir l'amour de chaque Africain pour son pays. J'appelle donc à un sursaut patriotique en Afrique, j'invite les Africains à faire du patriotisme l'arme principale de lutte contre toute politique impérialiste. Chaque Africain doit mettre son pays avant toute chose. Il faut que le monde entier comprenne jusqu'à quel point le peuple africain s'oppose à toute violation des lois qui régisse son fonctionnement. Ce n'est pas à l'occident de dicter les règles de fonctionnement, ce n'est pas à une armée étrangère fut-elle une puissance militaire ou puissance colonisatrice de venir intervenir en lieu et place de l'armée africaine en cas d'attaque de notre territoire. Chaque Africain doit s'inquiéter, non du poste qu'il doit occuper dans sa patrie, mais du rang que sa patrie doit atteindre parmi les nations.

Les patriotes déterminés à défendre leur patrie les mains nues.

CHAPITRE VIII

DESOBEISSANCE, RECIPROCITE ET BOYCOTT FORMENT UN ATOUT POUR LA LIBERTE, UNE ARME POUR VAINCRE L'IMPERIALISME.

La désobéissance c'est le fait de ne pas obéir à un ordre et la réciprocité quant à elle c'est rendre à autrui le coup qu'il vous a assené. L'obéissance est l'une des principales causes du maintien de l'Afrique dans la servitude. Dans un sens précis, obéir c'est accepter d'accomplir la volonté d'une autorité ou d'une personne, c'est aussi l'acte d'accomplir les désirs de l'autre, bien qu'elle ne soit pas une autorité. Dans n'importe quel cas, l'obéissance est liée au fait de vivre en harmonie dans une société. Mais lorsque cette harmonie est conditionnée par une politique qui vous fait plutôt subir au quotidien les coups et caprices de l'autre, il devient important de penser à une nouvelle façon de vivre ou de coopérer car l'obéissance implique le respect mutuel et surtout le respect de la personnalité humaine. Le rapport entre les impérialistes installés en Afrique et le peuple est un rapport aux retombés unilatéralement définis qui soumet l'Afrique à l'Occident. C'est un modèle de coopération basé sur l'exploitation et le pillage des ressources naturelles de l'Afrique. Il est donc grand temps que les Africains comprennent que le fait de ne pas obéir à un ordre donné par un imposteur ou une personne indigne, c'est donner un coup fatal au despotisme. Alors, en quoi la désobéissance et le boycott sont-ils un atout pour parvenir à la liberté ? Comment est- ce que la réciprocité peut elle faire trembler les impérialistes en Afrique ?

Désobéir est un acte non violent, appliquer la réciprocité est très important pour faire comprendre aux états impérialistes la douleur profonde que ressent le peuple africain victime de leur politique militariste en Afrique. L'impérialisme en Afrique est comme une flamme dont les attiseurs sont des hommes politiques malfamés qui ne doivent leur existence qu'au fruit de la traîtrise et de leur haine. Ce sont des hommes incompétents, indignes et avares qui rusent avec la sensibilité du peuple africain. Ce sont des personnes qui considèrent l'amour pour le prochain, le respect et la bonne fois des Africains comme étant une faiblesse et s'en servent pour leur imposer leur dictat. En quelque sorte, c'est parce que les Africains restent toujours dociles et obéissants qu'ils continuent d'avoir de l'emprise sur eux. Ceux des pays africains qui ont refusé le dictat occidental en payant le prix le plus fort pour obtenir leurs indépendances sont restés jaloux de leurs souverainetés et attachés à leurs pays. Les colonisateurs, même s'ils continuent de les titiller n'osent pas violer leurs souverainetés. C'est pourquoi, nous constatons aujourd'hui que ce sont ces états africains qui jouissent d'une liberté presque totale aujourd'hui. Je prends le cas de la guerre d'Algérie menée par la France contre les indépendantistes algériens, le Front Nationale de Libération résista et mit en déroute l'impérialisme français. Je prends également le cas du Cameroun où cette désobéissance avait permis aux nationalistes Camerounais d'obtenir l'indépendance de leur pays après une lutte acharnée contre l'armée impérialiste française et le gouvernement d'alors qu'elle soutenait.

UM NYOBE, désobéit au dictat Français et résista pour que le Cameroun puisse obtenir son indépendance.

Le pouvoir pour lequel nos propres frères nous massacrent ne peut avoir aucune valeur si le peuple sur qui ils veulent exercer ce pouvoir ne leur obéit pas. L'Afrique regorge des potentats certes, mais ceux-ci le sont parce que le peuple leur obéit, alors comment désobéir ? La désobéissance doit se faire ressentir sur deux niveaux distincts : le potentat qui est au pouvoir et l'état impérialiste qui l'a installé. Pour ce fait, il faut :

1-Boycotter tous les produits fabriqués par l'état impérialiste en question.

Les états impérialistes détournent les ressources, terre et eau, au détriment de leur population et exploitent la main d'œuvre africaine de manière moyenâgeuse. Leurs entreprises soutiennent leur politique impérialiste d'occupation. Voila pourquoi je dis que le boycott est une arme en notre pouvoir et nous nous devons de la mettre en valeur. En boycottant leurs produits, on met ainsi en mal le flux économique. On réduit leur influence sur la population et surtout on donne une chance à l'autodétermination. Le peuple se trouvera contraint de se prendre en charge et c'est ainsi qu'au lieu de travailler pour des personnes qui utilisent le fruit de votre labeur pour acheter des armes qui serviront à vos dirigeants pour vous massacrer, on le fera plutôt pour le développement réel de son pays.

2- Isoler les ressortissants de l'état impérialiste en question dans votre pays.

Ceci n'est pas un acte de xénophobie, mais plutôt un moyen pacifique de manifester votre mécontentement vis-à-vis des agissements de leur gouvernement. En le faisant, vous les obligez à prendre des mesures idoines contre leur gouvernement afin de les contraindre à rétablir le rapport de partenariat juste entre vous et eux. Cet isolement doit se faire avec fermeté et autorité impliquant même la rupture dans les rapports d'affaires ou des rapports de fraternité.

En ce qui concerne leur potentat au pouvoir, la désobéissance civile paraît la solution la plus importante. Il faut refuser de contribuer à la réussite de leurs activités. L'obéissance est nécessaire pour la bonne marche de n'importe quelle société. Par exemple, il est impossible qu'une équipe gagne si personne n'obéit à l'entraîneur. Donc si vous désobéissez à tout dirigeant installé de force à la tête de votre état contre votre volonté, il ne réussira pas et c'est le peuple tout entier qui se soulèvera pour demander son départ.

Plusieurs chefs d'états africains dignes font toujours face à la pression impérialiste occidentale. De nombreuses campagnes médiatiques sont orchestrées pour ternir leurs images, de nombreux complots sont organisés pour tenter de les renverser mais cela ne les empêchent pas de rester debout et droit dans leurs bottes car avec le soutien du peuple, ils sont en sécurité. Quand c'est le peuple qui vous a élu, il assure en même temps votre sécurité. Avec une telle assurance, vous ne pouvez que prendre des résolutions dont l'objectif est de rendre à votre peuple sa liberté volée. Et avec une telle posture, l'application de la réciprocité me paraît être le moyen le plus sûr pour imposer le respect entre vous et toute puissance occidentale qui s'avise à vouloir violer votre souveraineté. Le président sénégalais Macky SALL avait annoncé que son pays appliquerait la réciprocité sur les visas avec les autres pays qui exigeaient un visa d'entrée aux ressortissants sénégalais. Les ressortissants des pays qui demandent un visa aux Sénégalais, devront se procurer eux aussi un visa avant d'entrer au Sénégal. Quoi de plus normal, quelle façon la plus simple d'imposer un équilibre entre son pays et les autres pays. Cette information qui avait ému plusieurs Africains dont moi-même est un exemple que doivent suivre tous les pays d'Afrique. Le respect ne se quémande pas mais il s'impose, les Africains doivent arracher ce respect. Voila pourquoi je demande aux Africains d'appliquer la réciprocité sur tous les plans. Que ce soit sur le plan économique, socioculturel ou politique. Il faut oser le faire pour que les ennemis de la liberté en Afrique ressentent la douleur ou la joie qu'ils nous apportent. Je crois également qu'en le faisant, ils n'oseront plus bombarder nos enfants comme ils l'ont fait en Libye et en Côte d'Ivoire de peur de représailles. Je crois aussi qu'en le faisant, ils ne s'hasarderont plus à poser des actes visant à nuire à notre tranquillité car ils auront compris que nous pouvions dorénavant faire de même. Ne pas agir ne veut pas dire qu'on ne peut pas le faire.

Fiers Africains, d'autres personnes qui comme vous après avoir lu ce chapitre, vous diront certainement que l'auteur est un adepte de la xénophobie. Beaucoup me traiteront de tous les noms d'oiseaux mais sachez tout simplement que la réalité est en face de vous. Je vous invite à rendre à César ce qui lui appartient. Lorsqu'ils viennent en Afrique nous massacrer, les médias occidentaux parlent de mission humanitaire ou de sauvetage mais lorsque l'un des leur tombe en Afrique, les mêmes médias nous traitent de sauvages et de terroristes qu'il faut civiliser. La haine est elle un mot typiquement adapté à l'Afrique ? Non je ne crois pas, il peut être également prononcé par les Africains. C'est pourquoi, je vous exhorte à leur donner la joie s'ils vous en donnent également, donnez leur de l'amour s'ils vous en donnent. Servez-leur du respect s'ils vous ont servi du respect. Donnez-leur de la haine s'ils passent leur temps à vous haïr car nous sommes tous des êtres humains égaux devant Dieu, la différence de couleur ne fait pas des uns plus importants que les autres.

CHAPITRE IX

LE MANQUE DE MATURITE POLITIQUE EST UN HANDICAP POUR LA LIBERTE DE L'AFRIQUE. L'OPPOSITION REMISE EN CAUSE.

Une manifestation de l'opposition Burkinabé

La politique indique le cadre général d'une société organisée et développée. Ces cadres varient en fonction des comportements, de la géographie, des rites et coutumes des différents peuples qui résident dans plusieurs pays en Afrique. Ces cadres sont susceptibles de constituer un obstacle à la paix sociale si les acteurs politiques ne s'accordent pas à comprendre que le but à atteindre pour tous les politiciens quelque soit leur bord, c'est le bien être du peuple et la garantie d'un avenir meilleur pour la nation. Alors pourquoi avons-nous tendance à participer à une véritable bataille ouverte entre les différents partis au pouvoir et leurs oppositions en Afrique? Et en quoi cette bataille contribue t- elle à promouvoir l'impérialisme en Afrique ?

Les partis politiques au pouvoir comme ceux dans l'opposition devraient s'entendre obligatoirement sur un seul point qui est l'intérêt de la Nation. Mais le manque de stratégie politique, le non respect de la constitution, la mauvaise moralité et l'amour pour l'argent constituent une faiblesse pour les leaders de l'opposition comme pour les dirigeants au pouvoir. Je vais me limiter à parler de l'opposition car c'est elle qui est sensée être la force pouvant amener le pouvoir à changer de cap. C'est l'opposition qui doit combattre les marionnettes que les états impérialistes installent au pouvoir pour assurer leurs intérêts.

De plus en plus de leaders de l'opposition se font avoir par le pouvoir ou par l'occident pour la simple raison qu'ils ne savent même pas de quoi est capable leur adversaire. J'ai toujours dis qu'on ne peut pas mener un combat contre un adversaire politique dont on ne connaît ni ses faiblesses, ni sa force, ni lorsqu'on n'a pas les armes démocratiques nécessaires pour le vaincre. Plusieurs opposants africains sont ce que j'appelle des « fusils sans cartouches » Le cas de mon pays, le Cameroun est un exemple idéal pour vous faire comprendre les points qui caractérisent une opposition lâche et indigne. Voici une opposition qui depuis plus de 15 ans n'a initié aucun mouvement de contestation contre le régime pour l'emmener à se plier aux exigences du peuple, au contraire chacun de ses leaders se contente de pondre des déclarations depuis leurs bureaux climatisés pour appeler le peuple dans la rue afin qu'ils se fassent massacrer comme des hors la loi par le BIR puisque leur absence lors d'une manifestation aux côtés de la population fait automatiquement des pauvres manifestants des casseurs que le pouvoir se doit de mater. Face à un régime solidement implanté, face à un régime pro-impérialiste une opposition crédible doit former une coalition forte au détriment de sa rivalité car le plus important reste l'intérêt du peuple. Le Cameroun comme plusieurs pays africains a plus d'une cinquantaine de partis politiques qui auraient pu servir à initier une coalition forte pour faire face aux impérialistes. Mais au lieu de cela, nous assistons à un jeu de ping-pong dont les adversaires sont les partis de l'opposition elles mêmes, nous assistons à des comités de soutien initiés et soutenus par certains partis de l'opposition et même des appels à voter le parti au pouvoir lancés par d'autres.

Le chef de l'opposition Camerounaise et le président de la république du Cameroun Paul BIYA

L'opposition Camerounaise combat le chef du parti au pouvoir sans connaître ses forces et ses faiblesses tout simplement parce qu'elle n'a pas appréhendé avec lucidité la situation et a plutôt fait de lui un ennemi et non un adversaire politique qu'il faut vaincre, c'est ce qui explique d'ailleurs les nombreuses trahisons observées en son sain. Notre opposition doit vraiment chercher à connaître les faiblesses du pouvoir, sa force et utiliser les armes démocratiques appropriées pour le vaincre. Chaque pouvoir doit faire de son opposition un adversaire et non un ennemi et vice-versa. Car un ennemi est combattu par tous les moyens, même dans le sang et un adversaire est combattu de façon idéologique. J'invite l'opposition africaine à un sursaut patriotique, j'invite le peuple digne d'Afrique à plus de discernement. Chers frères et sœurs, ne nous avouons pas vaincu, formons une force politique capable de faire plier le pouvoir à nos exigences. C'est possible de faire tomber les impérialistes tout simplement en s'opposant à leurs marionnettes qui sont à la tête de nos états.

CHAPITRE X

MES PROPOSITIONS A L'UNION AFRICAINE POUR UNE AFRIQUE LIBRE, DIGNE ET RESPONSABLE.

La liberté de l'Afrique dépendra de la conduite et du fonctionnement de l'union africaine, La situation dont fait face le continent africain de nos jours nous donne raison de penser que l'indépendance acquise au prix du sang des africains n'était que de façade. Nos dirigeants sont restés depuis lors attachés à la servitude coloniale pour les uns et impérialiste pour les autres. Ces chefs d'états qui sont censés prendre des décisions au nom du peuple se laissent dicter une ligne de conduite par les puissances occidentales dont la France. Néanmoins, certains chefs d'états comme M. KADHAFI, GBAGBO Laurent et bien d'autres ayant compris qu'il était temps pour l'Afrique de prendre en main son propre destin, ont mené une politique visant à rendre à l'Afrique sa liberté et sa dignité. Mais en l'absence du soutien de l'Union Africaine, ils ont été combattus par les impérialistes et ceci avec la complicité de plusieurs autres chefs d'états africains. La trahison qui est le programme de gouvernement des marionnettes est l'élément essentiel sur lequel se base les ennemis de l'Afrique pour les empêcher de mener enfin une politique digne d'une organisation continentale. Aucune décision ne peut se prendre en masse tant qu'il existe des chefs d'états qui roulent dans le sens opposé à celui de l'Union Africaine sans crainte de représailles. Et pour cela, il faut penser et mettre sur pied une politique contraignante qui oblige l'adhésion et la coopération de tous les états membres.

Des mesures très strictes doivent être prises contre les chefs d'états qui surpassent l'autorité de l'Union Africaine ou de l'organisation sous régional dans laquelle il appartient pour appeler directement un pays occidental à intervenir dans son pays. Croyez-vous qu'un pays de l'Union Européenne a le pouvoir de faire intervenir un pays hors Union Européenne sur son territoire ? Malgré l'issue que beaucoup ont trouvée favorable de la crise Malienne, je reste et demeure contre l'intervention française directe dans le nord du Mali car en le faisant, cela signifie que le Mali en fait reste et demeure un territoire colonial français. Or en faisant intervenir la France sous la Bannière de l'Organisation des Nations Unies(ONU), l'honneur et la dignité du Mali demeuraient même si le pays faisait face à un groupe terroriste qui avait occupé le nord. Comme le disait le président Alpha OMAR KONARE premier président de la commission de l'Union Africaine : « L'Afrique peut être aperçue comme un risque. L'Afrique est perçue par beaucoup comme un risque, mais pour nous, l'Afrique peut être une grande opportunité. Si nous nous donnions tous la main, si nous agissons dès aujourd'hui, pas demain, car il sera tard. Si nous agissons dans le cadre d'un large consensus pour exercer notre leadership et établir l'agenda pour l'Afrique. » J'ai foi que si les dirigeants africains agissent dans le cadre d'un large consensus, l'Afrique parviendra sans obstacle aucune à sa destination qui est la LIBERTE. La solidarité entre Africains aurait pu être l'élément déclencheur d'une réaction forte de l'Union Africaine face aux rebelles du nord Mali. Mais hélas !

Si l'immobilisme des chefs d'états africains face à plusieurs autres conflits sur le continent n'est pas l'expression de leurs implications dans des complots de déstabilisation de régime en Afrique, alors que fait l'Union Africaine pour le règlement de nos conflits? Où est-elle pour mettre un terme à ces exactions? Que fait-elle pour empêcher les prises de pouvoir de façon anti-démocratique en Afrique ? Que fait-elle pour mettre un terme aux luttes armées en Afrique ? Que fait-elle pour promouvoir la démocratie réelle sur le continent ? Face à cette situation, j'ai osé faire certaines propositions pouvant sortir l'Afrique des griffes de l'envahisseur et de lui garantir son indépendance totale. Pour parvenir à la liberté et l'indépendance de l'Afrique, plusieurs reformes doivent être menées par l'Union Africaine.

1- L'Union africaine doit créer une armée commune forte de plus de 2500000 hommes basés dans toutes les régions d'Afrique.

Il s'agit ici d'une force de maintien de la paix. Cette armée servira comme force d'interposition africaine pour réprimander les coups de forces en Afrique, intervenir en cas de non respect de la constitution et de la confiscation du pouvoir par un chef d'état en Afrique , lutter contre le terrorisme sur le territoire africain et lutter contre le trafic d'armes . Ceci n'empêchera pas les différents pays d'Afrique à avoir une armée, mais bien au contraire à avoir des tâches réduites au maintien de l'ordre. Avec cette armée on ne parlera plus de conflit entre état africain.

2-Rendre effectif le projet de création de la Banque Centrale d'Afrique (B.C.A), du Fond Monétaire Africain(F.M.A) et revoir le fonctionnement de la Banque Africaine de Développement(B.A.D):

Malgré le fait qu'une monnaie unique soit salutaire pour l'Afrique, ce projet ne nécessite pas forcement que l'Afrique batte une monnaie unique. C'est un projet qui va rendre entièrement à l'Afrique son indépendance monétaire, l'Afrique ne contractera plus de dettes à fort taux d'intérêt, chaque pays pourra avoir accès aux informations concernant le montant dont il dispose à la banque centrale, ce qui est impossible actuellement car aucun chef d'état d'Afrique Francophone ne peut dire de quel montant il dispose au trésor français.

3-Créer une Cour Pénale Africaine(C.P.A)

Il est bien vrai qu'une cour pénale internationale existe déjà mais son fonctionnement jugé partial devient un handicap réel pour la légitimité de la justice internationale. Cette cour de justice qui au départ était impartiale a décidé de n'agir que dans des pays africains. Elle n'a poursuivi à ce jour que les seules personnes qui sont vues comme faibles, perdants qui ne bénéficient pas de la protection de puissants parrains. Dans le but de permettre à tous les Africains de bénéficier d'une justice impartiale, je propose la création de la Cour Pénale Africaine (CPA) qui se chargera de juger les cas de crimes contre l'humanité en Afrique, juger les chefs d'états, juger les chefs de guerre. Aucun chef d'état ou autre homme politique, même les criminels de la dernière classe ne pourront plus être extradés vers l'Europe.

4-Créer un fond d'aide humanitaire (F.A.H):

Ce fond dirigé par des Africains se chargera d'aider la population en cas de catastrophe naturelle, lutte contre la famine, séisme, etc,... Chaque pays devra verser une cotisation annuelle pour le bon fonctionnement de celui-ci, tous les pays du monde pourront donner des dons et ceci sans condition. Ce fond n'empêchera pas le programme alimentaire mondial, UNICEF ou autre ONG humanitaire de travailler sur le sol africain, ils exerceront prochainement sur le continent sous la coordination du F.A.H

5-Créer une Organisation Africaine de Lutte contre la Corruption (O.A.L.C) avec des représentants dans chaque pays africains:

Cette organisation va travailler en collaboration avec la C.P.A et se chargera de lutter contre la corruption, d'enquêter sur le patrimoine des dirigeants africains dans le monde.

6-créer une organisation africaine du travail (O.A.T):

Il travaillera en collaboration avec l'Organisation Internationale du Travail (O.I.T) mais en tant que organisation africaine va plus se concentrer sur l'intégration africaine des jeunes, la création d'emplois pour tous, réduction du taux de chômage, protection des travailleurs.

7-créer une commission électorale indépendante africaine (C.E.I.A) :

Cette commission sera constituée de 200 membres ressortissant de tous les pays d'Afrique, elle assistera chaque pays africain pour l'organisation des élections libres et transparentes.

8-créer l'Organisation Africaine du Commerce (O.A.C) :

Cette organisation veillera sur le libre échange des produits entre états africains, elle renégociera les conditions d'exportation de produits pétrolier, café cacao, manganèse, caoutchouc, l'uranium vers l'occident.

9-créer l'Agence Africaine de Régulation des Marchés Publique (A.A.R.M).

Elle doit travailler en collaboration avec les agences de régulations de tous pays d'Afrique. Son rôle est d'assurer en toute indépendance la régulation, le suivi et l'évaluation du système des marchés publics en Afrique. Elle doit évaluer de façon périodique la performance des agences des pays africains, émettre des avis techniques et surtout sanctionner sévèrement en cas de disfonctionnement et du non respect des règles d'éthique.

10-créer un centre pour la recherche scientifique :

Ce centre dirigé par un collège de scientifiques chevronnés va permettre à tous les chercheurs africains de démontrer leur savoir-faire. Ceci empêchera nos cerveaux d'œuvrer seulement pour le compte de l'occident. Ce centre devra se concentrer sur les recherches des maladies telles que le SIDA et d'autres pandémies qui déciment le peuple africain. Il doit aider tous les inventeurs africains à promouvoir leur invention tout tant en améliorant la qualité. Par ailleurs ce centre œuvrera pour le transfert de technologie avec les pays occidentaux.

ESPERONS...

Après avoir parcouru les dix chapitres de ce livre, je ne doute pas un seul instant que vous soyez dorénavant libéré de vos chaines et sortis des profondeurs dans laquelle vous avais été plongé par l'impérialiste. Le continent Africain peut dorénavant compter sur vous pour le conduire à sa destination qui n'est rien d'autre que sa « liberté ». Voila pourquoi je vais vous dire que si comme moi vous appartenez à cette génération d'Africains libérée des chaines et de la mentalité d'éternel esclave, si comme moi vous avez décidé de payer le prix fort pour devenir cet Africain qui influence positivement sa génération, si comme moi vous avez décidez de laisser un héritage à la génération futur, alors il ne me reste plus qu'a vous souhaité beaucoup de courages, de détermination et de persévérance.

Je sais que certains vous dirons qu'il est risqué de changer l'ordre des choses parce qu'on a en face des prédateurs, des impérialistes, des colonialistes et des néo-colonialistes. D'autres Africains vous proposerons même beaucoup d'argent pour que vous demeuriez comme des esclaves et des éternelles suiveurs comme eux, mais ceux là ignores que ne pas vouloir un changement radical et demeurer dans la situation actuelle c'est prendre plus de risque que de risquer pour le changement.

Vive l'Afrique Libre !

ANNEXE

CIAS/GEN/INF/36

24 MAI 1963

DISCOURS PRONONCE PAR
LE DOCTEUR ASAGYESFO KWAME NKRUMAH
PRESIDENT DE LA REPUBLIQUE DU GHANA

UNIS NOUS RESISTONS

Excellences,

Mes chers Collègues,

Mes frères,

Mes Amis,

Je suis heureux de me trouver à Addis-Abeba, en cette occasion hautement historique. J'apporte avec moi les espoirs et les félicitations fraternelles adressés par le gouvernement et le peuple du Ghana à Sa majesté Impériale Hailé Selassié et à tous les Chefs d'Etat africains rassemblés dans cette ancienne capitale, en ce jour qui fera époque dans notre histoire. Notre objectif, c'est, dès maintenant, l'unité africaine. Il n'y a pas de temps à perdre. Nous devons maintenant nous unir ou périr. Je suis certain que par des efforts concertés et notre ferme propos, nous allons jeter ici même les fondations sur lesquelles s'élèvera une union continentale des Etats africains.

Lors de la première réunion des Chefs d'Etat africains, où j'avais l'honneur de recevoir nos hôtes, il n'y avait que huit représentants d'Etats indépendants. Aujourd'hui cinq années plus tard, nous voici réunis à Addis-Abeba, comme représentants d'Etats Africains dont le nombre s'élève à trente deux, comme hôtes de Sa Majesté Impériale Hailé Selassié Premier et du Gouvernement et du Peuple de l'Ethiopie. A Sa Majesté Impériale je tiens à exprimer, au nom du Gouvernement et du Peuple du Ghana, la profonde reconnaissance que j'éprouve pour un accueil si hautement cordial et une si généreuse hospitalité.

L'accroissement de nos effectifs, dans ce bref espace de temps, est un témoignage flagrant de l'indomptable et irrésistible élan de nos peuples vers l'indépendance. C'est également un signe de l'aspect révolutionnaire que revêtent les évènements mondiaux au cours de la seconde moitié de notre siècle. Dans la tâche qui s'étend devant nous pour l'unification de notre continent, nous devons prendre ce rythme, sous peine de rester en arrière. Cette tâche ne saurait être abordée dans un rythme qui appartiendrait à une autre époque que la nôtre. Si nous restions en arrière, dans cet élan sans précédent qui entraine les actes et les évènements contemporains, cela signifierait que nous allons au devant de l'échec et que nous consumons notre propre ruine.

Tout un contient nous a imposé le mandat de jeter les fondations de notre union à cette conférence. La responsabilité nous incombe d'exécuter ce mandat en créant ici même et dès maintenant les bases sur lesquelles doit s'élever la superstructure indispensable.

Sur notre continent, il ne nous a pas fallu longtemps pour découvrir que la lutte contre le colonialisme ne prend pas fin lorsqu'on a réalisé l'indépendance nationale. Cette indépendance n'est que le prélude d'un combat nouveau et plus complexe pour la conquête du droit de diriger nous-mêmes nos questions économiques et sociales, en dehors des entraves écrasantes et humiliantes de la domination et de l'intervention néo-colonialiste.

Dès le début, nous avons été menacés d'être frustrés dans nos efforts lorsqu'un rapide changement était une nécessité impérative, et nous avons risqué de sombrer dans l'instabilité, lorsque des efforts soutenus et des règles précises étaient indispensables. Il n'est pas d'actes sporadiques, il n'est pas d'intentions pieuses qui puissent résoudre nos problèmes actuels. Rien ne pourra nous servir, en dehors d'une action comme exécutée par une Afrique unie. Nous sommes déjà parvenus au stade où nous devons nous unir ou sombrer dans cet état où de l'Amérique latine est devenue, contre son gré, la triste proie de l'impérialisme, après un siècle et demi d'indépendance politique.

En tant que continent, nous avons émergé dans l'indépendance à une époque différente, où l'impérialisme est devenu plus fort, plus implacable, plus expérimenté, plus dangereux aussi dans ses associations internationales. Notre évolution économique exige la fin de la domination colonialiste et néo-colonialiste en Afrique.

Mais si nous avons compris que la prise en main de nos destins nationaux exigeait que chacun d'entre nous possédât son indépendance politique et si nous avons concentré toute notre force pour y parvenir, de même nous devons reconnaître que notre indépendance économique réside dans notre Union Africaine et exige la même concentration sur les réalisations d'ordre politique.

Or, l'Unité de notre continent, ainsi que notre indépendance seront retardés, si tant est que nous ne les perdions pas, si nous cédons au colonialisme. L'Unité africaine est, avant tout, un royaume politique qui ne peut être conquis que par des moyens politiques. L'expansion sociale et économique de l'Afrique ne se réalisera qu'à l'intérieur de ce royaume politique, et l'inverse n'est pas vrai. Les Etats-Unis d'Amérique, l'Union des républiques socialistes soviétiques, ont résulté des décisions politiques que prirent des peuples révolutionnaires, avant de devenir de puissantes réalités de force sociale et de richesses matérielles.

Comment, sinon par nos efforts conjoints, les parties les plus riches et encore asservies de notre continent seront-elles libérées de l'occupation coloniale et pourront se joindre à nous pour le développement total de notre continent ? Chaque étape dans la décolonisation de notre continent a suscité un surcroit de résistance dans les secteurs où le colonialisme dispose de garnisons coloniales. Vous tous qui êtes ici, vous le savez.

Le grand dessein des intérêts impérialistes est de renforcer le colonialisme et le néo-colonialisme et nous nous tromperions nous-mêmes de la façon la plus cruelle, si nous devons considérer que leurs actions sont distinctes et sans rapports entre elles. Lorsque le Portugal voile les frontières du Sénégal, lorsque Verwcerd consacre un septième du budget de l'Afrique du Sud à l'armée et à la police, lorsque la France construit comme partie intégrante de sa politique de défense une force d'intervention qui peut intervenir plus particulièrement dans l'Afrique francophone, lorsque Welensky parle de joindre la Rhodésie du Sud à l'Afrique du Sud, lorsque la Grande Bretagne envoie des armes à l'Afrique du Sud, tout cela fait partie d'un plan d'ensemble élaboré avec le plus grand soin, et orienté vers un seul objectif : la continuation de l'asservissement de nos frères encore dépendants et un assaut contre l'indépendance de nos Etats africains souverains.

Contre ces plans, disposons-nous d'une autre arme que de notre Unité? Cette Unité n'est-elle pas essentielle pour sauvegarder notre propre liberté et pour conquérir la liberté de nos frères opprimés, les combattants de la libération? N'est-ce pas l'unité seule qui pourra nous forger pour nous intégrer en une force effective, capable de créer sa propre progression et d'apporter une contribution précieuse à la paix mondiale ? Quel est l'Etat africain indépendant ? Quel est celui d'entre vous qui prétendra que sa structure financière et ses institutions bancaires sont intégralement consacrées à son développement national ? Quel est celui d'entre vous qui pourra prétendre que ses ressources matérielles et ses énergies humaines sont disponibles pour ses propres aspirations nationales ? Quel est celui d'entre vous qui ne viendra pas avouer un degré substantiel et désappointement et de désillusion dans l'exécution de ses plans d'évolution agricole et urbaine ?

Dans une Afrique indépendante, nous recommençons déjà à ressentir l'instabilité et la frustration qui existaient sous la domination coloniale. Nous apprenons rapidement que l'indépendance politique ne suffit pas à nous libérer des conséquences de cette domination coloniale.

Le mouvement des masses de l'Afrique pour la libération de cette sorte de domination n'était pas seulement une révolte contre les conditions qu'elles imposaient.

Nos peuples nous ont apporté leur appui dans notre lutte pour l'indépendance parce qu'ils croyaient que l'avènement des gouvernements africains guérirait les maux du passé d'une façon qu'il n'aurait jamais été possible de réaliser sous la domination coloniale. Par conséquent, si, maintenant que nous sommes indépendants, ne laissons subsister les mêmes conditions qui existaient à l'époque coloniale, tout le ressentiment qui renversera le colonialisme mobilisera contre nous.

Les ressources sont là. Il nous appartient de les mobiliser pour les consacrer au service actif de nos peuples. Si nous ne le faisons pas au moyen d'efforts concertés, dans le cadre de notre planification commune, nous ne progresserons pas au rythme qu'exigent les évènements d'aujourd'hui et la volonté de nos peuples. Les symptômes de nos troubles ne feront que croitre et ces troubles eux-mêmes deviendront chroniques. C'est alors qu'il sera trop tard même pour que l'Unité panafricaine, nous assure la stabilité et la tranquillité, dans les efforts que nous déployons pour créer un continent de justice sociale et de bien-être matériel. Si nous ne créons pas dès maintenant l'Unité africaine, nous qui siégeons ici aujourd'hui, nous serons demain les victimes et les martyrs du néo-colonialisme.

De toutes parts, tout vient nous prouver que les impérialistes ne se sont pas retirés. Il arrive parfois, comme au Congo, que leur intervention est manifeste, mais généralement elle se dissimule sous le masque de nombreuses institutions qui se mêlent de nos affaires intérieures pour fomenter de la dissension sur notre territoire et créer une atmosphère de tension et d'instabilité politique. Tant que nous n'avons pas extirpé les racines qui nourrissent ce mécontentement, nous apporterons une aide à ces forces néo-colonialistes et nous deviendrons nos propres exécuteurs. Nous ne saurions laisser de côté les enseignements de l'histoire.

Notre continent est probablement le plus riche du globe, au point de vue de la production de minéraux et de matières premières pour l'industrie et l'agriculture. Du seul Congo, des firmes occidentales ont exporté du cuivre, du caoutchouc, du coton et bien d'autres produits encore, à concurrence de 2.773.000.000 de dollars, au cours de la décennie 1945-1955 de l'Afrique du Sud, les sociétés qui exploitent les mines d'or ont tiré, au cours des six années 1947-1951, des bénéfices de 814 milliards de dollars.

Très certainement, notre continent dépasse tous les autres dans son potentiel d'énergie hydro-électrique, qui, d'après l'évaluation de certains experts, représente 42 pour 100 du total mondial. Quel besoin avons-nous de rester employés à couper le bois et à puiser l'eau pour les zones industrialisées du monde ?

Evidemment, on dit que nous n'avons pas de capitaux, de techniques industrielles, de voies de communication, de marchés intérieurs, et que nous ne parvenons même pas à tomber d'accord entre nous sur la meilleure façon d'utiliser nos ressources pour nos propres besoins sociaux.

Et pourtant toutes les bourses du monde se préoccupent de l'or, des diamants, de l'uranium, du platine, des minerais de cuivre et de fer qui existent en Afrique. Nos capitaux coulent en véritables torrents pour irriguer tout le système de l'économie de l'Occident. On considère que cinquante deux pour cent des réserves d'or détenues actuellement à Fort Knox, où les Etats-Unis d'Amérique emmagasinent ces réserves, proviennent de nos côtes. L'Amérique fournit plus de 60 pour 100 de l'or mondial. Une grande quantité de l'uranium employé pour l'énergie nucléaire, du cuivre employé pour l'électronique, du titanium utilisé pour les projectiles supersoniques, du fer et de l'acier utilisés par les industries lourdes, des autres minéraux et des autres matières premières employés par les industries les plus légères – en fait les bases mêmes du pouvoir économique des puissances étrangères – proviennent de notre continent. Des experts ont estimé qu'à lui seul le bassin du Congo peut produire suffisamment de récoltes alimentaires pour satisfaire aux besoins de près de la moitié de la population du monde entier. Et nous sommes assis ici à parler de régionalisme, de progression graduelle, d'une étape après l'autre. Avez-vous peur de saisir le taureau par les cornes ?

Pendant des siècles, l'Afrique a été la vache à lait du monde occidental. N'est-ce pas notre continent qui aida l'Occident à construire ces richesses accumulées ?

Il est vrai qu'en ce moment, nous rejetons aussi vite que nous le pouvons le joug du colonialisme, mais parallèlement à notre succès dans cette direction, l'impérialisme déploie un effort intensif pour continuer l'exploitation de nos ressources, en suscitant des dissensions entre nous.

Lorsque les colonies du continent américain ont cherché, au cours du 18ème siècle, à se libérer de l'impérialisme, il n'existait aucune menace de néo-colonialisme, au sens où nous le connaissons aujourd'hui en Afrique. Les Etats américains étaient donc libres de former et de modeler l'Unité qui était la mieux assortie à leurs besoins et de rédiger une constitution qui puisse maintenir leur Unité, en dehors de toute forme d'intervention extérieure, tandis que nous, nous avons à tenir compte de ces interventions étrangères. Dans ces conditions, combien avons-nous besoin plus encore de nous rassembler dans l'Unité africaine, qui peut seule nous libérer des griffes du néo-colonialisme et de l'impérialisme.

Nous avons les ressources. C'est en premier lieu le colonialisme qui nous a empêchés d'accumuler le capital effectif, mais par nous-mêmes, nous ne sommes pas parvenus à utiliser pleinement notre puissance dans l'indépendance, pour mobiliser nos ressources afin de démarrer de la façon la plus efficace dans une expansion économique et sociale aux profondes répercussions. Nous sommes trop exclusivement consacrés à guider les premiers pas de chacun de nos Etats pour comprendre pleinement la nécessité fondamentale d'une union dont les racines puisent dans une résolution commune, une planification commune, et des efforts communs. Une union qui ne tient pas compte de ces nécessités fondamentales n'est qu'un leurre. C'est seulement en unissant notre capacité de production et les richesses qui en résultent que nous pouvons amasser des capitaux. Une fois déclenché, cet élan ne fera que croître. Avec des capitaux gérés par nos propres banques, consacrés à notre véritable expansion industrielle et agricole, nous pourrons progresser. Nous accumulerons le matériel industriel, nous pourrons créer des aciéries, des fonderies de fer et des usines ; nous unirons les divers Etats de notre continent en créant des voies de communication ; nous étonnerons le monde avec notre puissance hydro-électrique ; nous assécherons les marais et les marécages, nous purifierons les zones infestées, nous nourrissons ceux qui sont carencés, nous débarrasserons nos populations des parasites et les maladies. Il est au pouvoir de la science et de la technique de faire fleurir le Sahara lui-même et de le transformer en un vaste champ cultivé, porteur d'une végétation verdoyante pour notre expansion agricole et industrielle. Nous dompterons la radio, la télévision, les presses géantes d'imprimerie, pour faire sortir nos peuples des sombres abîmes de l'analphabétisme.

Il y a dix ans seulement, tout cela n'aurait représenté que les paroles de visionnaires, des fantaisies de rêveurs oisifs. Mais nous sommes à l'époque où la science a transcendé les limites du monde matériel et où la technique a envahi le silence de la nature. Le temps et l'espace ont été réduits à des abstractions dénuées d'importance. Des machines géantes percent des routes, éclaircissent nos forêts, construisent des barrages, des aérodromes, des camions monstrueux et des avions répartissent tous les produits ; de puissants laboratoires fabriquent des remèdes ; des relevés géologiques les plus complexes sont mis au point ; de puissantes stations d'énergie électrique sont construites, de colossales usines se dressent vers le ciel – et tout cela à une vitesse incroyable. Le monde a cessé de progresser le long de sentiers de brousse, à dos d'ânes ou de chameaux. Nous ne pouvons plus nous permettre de régler nos besoins, notre développement, notre sécurité, sur le rythme de marche des chameaux et des ânes. Nous ne pouvons plus nous permettre de ne pas ne pas abattre la brousse exubérante des attitudes périmées qui obstruent notre voie vers les grands chemins modernes des réalisations les plus amples et les plus rapides d'indépendance économique et d'élévation au plus haut degré du mode de vie de nos peuples.

Même pour les autres continents qui ne disposent pas de ressources de l'Afrique, l'heure est venue qui doit voir la fin de la détresse humaine. Pour nous, il s'agit tout simplement de saisir avec certitude notre légitime héritage, en utilisant la puissance politique créée par notre unité : tout ce dont nous avons besoin, c'est de développer avec notre puissance commune les énormes ressources de notre continent. Une Afrique unie offrira un secteur stable aux investissements étrangers dont nous encourageons l'apport tant qu'ils ne se comporteront pas en ennemis de nos intérêts africains, car de tels investissements doivent renforcer l'expansion de l'économie de notre continent, l'emploi de notre main d'œuvre, la formation technique de nos travailleurs et l'Afrique les accueillera favorablement. En traitant avec une Afrique unie, ceux qui apportent des capitaux n'auront plus à évaluer avec inquiétude les risques de négocier, au cours d'une période, avec des gouvernements qui pourraient ne plus exister dans la période immédiate. Au lieu de traiter ou de négocier avec un si grand nombre d'Etats séparés, ils traiteront avec un seul gouvernement uni qui poursuivra une harmonieuse politique continentale.

Est-il un autre moyen que celui-là ? Si nous échouons à ce stade et si nous laissons s'écouler le temps qui doit permettre au néo-colonialisme de consolider sa position sur notre continent, quel sera le destin de nos combattants de la libération ? Quel serra enfin le destin des autres territoires africains qui ne sont pas encore libres ?

A moins que nous puissions créer en Afrique de puissants complexes industriels – ce qui n'est réalisable que dans une Afrique unie – nous devons laisser notre paysannerie à la merci des marchés étrangers qui achèvent leurs récoltes et nous devrons faire face à la même impatience qui renversa les colonialistes. A quoi servent, pour les cultivateurs, l'enseignement et la mécanisation ? A quoi sert même le capital, si nous ne pouvons pas assurer au paysan un paysan, les travailleurs, le cultivateur, qu'auront-ils gagner dans l'indépendance politique, aussi longtemps que nous ne pourrons leur assurer un rendement équitable de leurs travaux et un niveau de vie plus élevé ?

Aussi longtemps que nous ne pourrons créer de grands complexes industriels en Afrique, quels bénéfices le travailleur des villes et des pays qui cultivent des terres surchargées d'habitants auront-ils retirés de l'indépendance politique ? S'ils doivent rester chômeurs ou attachés à des tâches réservées à la main d'œuvre non spécialisée, à quoi leur serviront les installations perfectionnées créées pour l'enseignement, la formation technique, au service de l'énergie et de l'ambition que l'indépendance nous permet de leur offrir ?

C'est à peine s'il existe un seul Etat africain qui n'ait un problème de frontière avec les Etats limitrophes. Il serait inutile que je les énumère, car ces problèmes vous sont déjà familiers. Mais que vos Excellences me permettent de suggérer que ce vestige fatal du colonialisme risque de nous entrainer dans des guerres intestines, au moment où notre expansion industrielle se déroule sans plan et sans coordination exactement comme il en est advenu en Europe. Tant que nous n'aurons pas réussi à mettre un terme à ce danger, par la compréhension mutuelle des questions fondamentales et par l'unité africaine qui rendra périmées et superflues les frontières actuelles, c'est en vain que nous aurons combattu pour l'indépendance. Seule l'Unité africaine peut cicatriser cette plaie infectée des litiges frontaliers entre nos divers Etats. Excellences, le remède à ces maux est entre nos mains mêmes. Il nous confronte à chaque barrière douanière, il crie vers nous du fond de chaque cœur africain. En créant une véritable union politique de tous les Etats indépendants d'Afrique, dotée de pouvoirs exécutifs pour exercer une direction politique, nous pouvons avec espoir et confiance répondre à chaque circonstance critique, à chaque ennemi, à chaque problème complexe.

Non pas que nous soyons une race de surhomme, mais parce que nous sommes parvenus à l'époque de la science et de la technique, de la pauvreté, l'ignorance et la maladie auront cessé d'être les maîtres mais ne seront simplement plus que des ennemis fuyants de l'humanité. Nous sommes parvenus à l'âge de la planification socialisée, où la production et la répartition des biens auront cessé d'être régies par le chaos, l'intérêt personnel, mais seront dirigées par les besoins sociaux. En même temps que le reste de l'humanité, nous nous éveillons des rêves de l'utopie pour mettre sur le papier des plans pratiques de progrès et de justice sociale.

Avant tout, nous sommes arrivés à une époque où une masse territoriale d'un continent comme l'Afrique, avec sa population proche de 300 millions d'humains, est nécessaire à la capitalisation économique et au rendement des méthodes et des techniques de production moderne. Nul d'entre nous, travaillant seul et individuellement, ne peut parvenir à réaliser son développement intégral. Certainement, dans les circonstances actuelles, nous n'aurons pas la possibilité d'apporter une assistance suffisante aux Etats frères qui s'efforcent, contre les conditions les plus difficiles, d'améliorer leur structure économique et sociale. Seule une Afrique unie fonctionnant sous un gouvernement d'union peut avoir la puissance de mobiliser les ressources matérielles et morales de nos divers pays et de les utiliser efficacement et énergiquement, de manière à susciter un changement rapide dans la condition de notre peuple.

Si nous n'abordons pas les problèmes de l'Afrique avec un front commun et une résolution commune, nous perdrons notre temps en marchandage et en arguments vides jusqu'au moment où nous serons de nouveau colonisés et nous serons devenus des instruments d'un colonialisme bien plus puissant de celui dont nous avons souffert jusqu'à présent.

Cette union, nous devons la réaliser, sans sacrifier nécessairement nos diverses souverainetés, grandes ou petites, nous avons, dès maintenant et ici même forgé une union politique fondée sur une défense commune, des affaires étrangères et une diplomatie commune, une nationalité commune, une monnaie africaine, une zone monétaire africaine et une Banque centrale africaine. Nous devons nous unir afin de réaliser la libération intégrale de notre continent. Il nous faut créer un système de défense commune, dirigé par un commandement suprême africain, pour assurer la stabilité et la sécurité de l'Afrique.

Nous avons été chargées de cette tâche sacrée par nos peuples ; nous ne pouvons leur manquer et trahir leur confiance. Nous tournerions en dérision les espoirs de nos peuples si nous montrions la plus minime hésitation ou si nous apportions le moindre retard à aborder objectivement cette question de l'Unité africaine.

La fourniture d'armes ou d'autre aide militaire aux oppresseurs coloniaux de l'Afrique doit être considérée non seulement comme une aide à ceux qui cherchent à triompher des combattants de la libération, dans leur lutte pour l'indépendance africaine, mais comme un acte d'agression contre toute l'Afrique. Comment pouvons-nous faire face à cette agression, sinon par le poids intégral de notre puissance unie ?

Plusieurs d'entre nous ont fait du non alignement un article de foi sur notre continent. Nous n'avons aucun désir, aucune intention d'être entraînés dans la guerre froide, mais étant donné l'état actuel de faiblesse et d'insécurité où se trouvent nos Etats, dans le contexte de la politique mondiale, cette recherche de bases et de sphères d'influence fait pénétrer la guerre froide en Afrique, avec ses dangers d'extermination nucléaire. L'Afrique doit être déclarée zone franche dénucléarisée, à l'écart des exigences de la guerre froide. Mais nous ne pouvons pas donner un caractère impératif à cette exigence, si nous ne la formulons pas du haut d'une position de force que nous ne pouvons réaliser que par notre Unité.

Or, au lieu d'adopter une telle attitude, plusieurs Etats africains indépendants sont liés par des pactes militaires avec les anciennes puissances coloniales. La stabilité et la sécurité que de tels procédés cherchent à établir sont illusoires, car les puissances métropolitaines saisissent cette occasion pour appuyer leur domination néo-colonialiste en impliquant la puissance africaine dans une entente militaire. Nous avons vu de quelle façon les néo-colonialistes utilisent leur base pour se retrancher et même pour attaquer les Etats voisins indépendants. De telles bases sont des centres de tension et des points de danger potentiel de conflits militaires. Elles menacent la sécurité non seulement du pays où elles sont situées, mais aussi des pays limitrophes. Comment pouvons-nous espérer faire de l'Afrique une zone franche dénucléarisée et libre de toute pression exercée par la guerre froide, lorsque notre continent est impliqué de cette façon dans les questions militaires ? Ce n'est qu'en équilibrant une force commune de défense par un désir commun de réaliser une Afrique libre de tout lien imposé par un diktat étranger ou une présence militaire et nucléaire. Il faudra pour cela un commandement suprême africain dont l'autorité s'exerce sur tout le continent, tout particulièrement si l'on doit renoncer aux pactes militaires conclus avec les impérialistes. C'est le seul moyen de parvenir à briser ces liens directs entre le colonialisme du passé et le néo-colonialisme que .... actuellement entre nous des dissensions.

Nous n'avons pas l'intention de créer et nous ne concevons pas un commandement suprême africain conçu d'après les pouvoirs politiques qui régissent maintenant une grande partie du monde, mais par un instrument essentiel et indispensable à la stabilité et à la sécurité en Afrique.

Nous avons besoin d'une planification économique unifiée pour l'Afrique. Tant que la puissance économique de notre continent ne se trouve pas concentrée entre nos mains, les masses ne peuvent avoir aucun intérêt réel, aucune préoccupation réelle pour collaborer à la sauvegarde de notre sécurité, pour maintenir la stabilité de nos régimes, et pour mettre leur force au service de nos objectifs. Avec le rassemblement de nos ressources, de nos énergies et de nos talents, nous avons les moyens, dès que nous en manifestons la volonté, de transformer les structures économiques de nos divers Etats et de les faire passer de la pauvreté dans l'abondance, de l'inégalité à la satisfaction des besoins de nos peuples. C'est seulement sur une base continentale que nous aurons la possibilité d'établir un plan pour la juste utilisation de toutes nos ressources et pour leur consécration à la pleine expansion de notre continent.

Par quel autre moyen pourrons-nous conserver nos propres capitaux pour notre propre développement économique ? Par quel autre moyen pourrons-nous créer un marché intérieur consacré aux services de nos propres industries ? Si nous appartenons à des zones économiques différentes, comment pourrons-nous abattre les barrières qui s'opposent au mouvement de devises et des échanges entre Etats africains et comment ceux qui sont économiquement plus forts parmi nous seront-ils en mesure d'aider les Etats les plus faibles et les moins développés ?

Il est important de se rappeler qu'un financement et un développement indépendant sont irréalisables sans une monnaie indépendante. Un système monétaire qui est soutenu par les ressources d'un Etat étranger est ipso facto subordonné aux arrangements commerciaux et financiers de ce pays étranger. Du fait que nous n'avons pas de barrières douanières et monétaires pour avoir été soumis aux différents systèmes monétaires des puissances étrangères, la fissure qui nous sépare en Afrique s'est automatiquement élargie. Comment, par exemple, des communautés apparentées et des familles liées par des liens commerciaux peuvent-elles s'aider l'une l'autre avec succès si elles sont divisées par des frontières nationales et des restrictions monétaires ? Le seul moyen qui leur est offert dans ces conditions est d'employer des devises de contrebandes et d'enrichir des rackets et des escrocs internationaux qui prospèrent sur nos difficultés financières et économiques.

Aucun Etat africain indépendant n'a aujourd'hui par lui-même la possibilité de suivre une voie indépendante de développement économique, et plusieurs d'entre nous qui s'y sont efforcés ont été presque ruinés ou ont dû se laisser ramener au bercail de leurs anciens maîtres coloniaux. Cette situation ne changera pas tant que nous n'aurons pas une politique unifiée opérant sur le plan continental. Une première démarche vers une économie cohérente devrait consister en la création d'une zone monétaire unifiée, débutant par un accord sur la parité de nos monnaies. Pour faciliter cet arrangement, le Ghana accepterait d'adopter le système décimal. Lorsque nous constaterons que notre accord sur une parité fixe commune fonctionnera avec succès, il semble qu'il n'y aura aucune raison pour ne pas créer une monnaie commune et une seule banque d'émission. Lorsque nous disposerons d'une monnaie commune émise par une seule banque d'émission, nous devrions être capables de tenir par nos propres forces, car un tel arrangement serait pleinement appuyé par le produit national combiné des Etats qui composent notre union. Après tout, le pouvoir d'achat de la monnaie dépend de la productivité et de l'exploitation productive des ressources naturelles, humaines et physiques de la nation.

Tandis que nous assurerons notre stabilité par un système de défense commune et que notre économie sera orientée en dehors de toute domination étrangère au moyen d'une devise commune, d'une zone monétaire et d'une banque centrale d'émission, nous pourrons déterminer si nous possédons le plus vaste potentiel d'énergie hydro-électrique et si nous pouvons l'exploiter, ainsi que les autres sources d'énergie, au bénéfice de nos propres industries. Nous pourrons commencer à dresser le plan de notre industrialisation à l'échelle du continent et à construire un marché commun pour près de trois cent millions d'êtres humains.

Cette planification continentale commune, au service du développement agricole et industriel de l'Afrique, est une nécessité vitale.

Tant de bénédictions doivent provenir de notre Unité, tant de désastres doivent découler du maintien de notre désunion, que si nous ne parvenons pas aujourd'hui à nous unir, cet échec ne sera pas imputé par la postérité uniquement à un défaut de raisonnement lié à un manque de courage, mais au fait que nous avons capitulé ayant les forces conjuguées du néo-colonialisme et de l'impérialisme.

L'heure de l'histoire qui nous a amenés dans cette assemblée est une heure révolutionnaire. C'est l'heure de la décision. Pour la première fois, l'impérialisme économique qui nous menace se voit lui-même jeter un défi par l'irrésistible volonté de notre peuple.

Les masses des peuples d'Afrique crient vers l'Unité. Les peuples d'Afrique exigent que l'on abrite les frontières qui les divisent. Ils exigent entre des Etats africains frères, la cessation des litiges de frontières qui proviennent des barrières artificielles dressées par un colonialisme qui avait l'intention formelle de nous diviser. C'est sa volonté qui nous a laissé en proie à cet irrédentisme de frontière et qui a repoussé notre fusion ethnique et culturelle.

Nos peuples appellent de leurs vœux cette Unité, afin qu'ils ne risquent pas de perdre leur patrimoine au service perpétuel du néo-colonialisme. Dans cette fervente pression qu'ils exercent dans le sens de l'Unité, ils comprennent que seule cette réalisation donnera son plein sens à leur liberté et à notre indépendance africaine.

C'est ce ferme propos populaire qui doit nous amener à une Union des Etats africains indépendants. Dans le moindre retard réside un danger pour notre bien-être et pour notre existence même en tant qu'Etats libres. On a suggéré que notre marche vers l'Unité soit graduelle et progresse en ordre dispersé. Ce point de vue consiste à concevoir l'Afrique comme une entité statique chargée de résoudre des problèmes « gelés » susceptibles d'être éliminés l'un après l'autre, si bien qu'une fois cette tâche terminée, nous allons nous réunir et déclarer : « maintenant tout est bien ; réalisons maintenant notre Union ». Cette conception ne tient aucun compte de l'impact des pressions extérieures et n'est pas consciente de ce danger qu'un retard peut intensifier notre isolement ou notre exclusion et élargir nos divergences, tant et si bien que seront davantage encore lancés à la dérive, plus loin encore les uns des autres pour tomber dans les rets du néo-colonialisme, si bien que notre Union ne sera plus qu'un espoir évanescent et que le Grand Dessein de l'intégrale rédemption de l'Afrique s'écroulera peut-être à jamais.

Certains ont également exprimé l'opinion que nos difficultés peuvent être résolues simplement par une plus grande collaboration réalisée au moyen d'une association coopérative, sur le plan de nos relations intra-territoriales. Cette façon de considérer nos problèmes consiste à nier la juste conception de leurs rapports intérieurs et réciproques. Elle consiste à dénier toutefois dans un avenir ouvert à la progression africaine dans l'indépendance africaine. Elle trahit le sentiment qu'une solution ne peut être trouvée que dans la continuation d'une confiance envers les sources extérieures, au moyen d'accords bilatéraux qui organisent une assistance, sous une forme économique et diverses autres formes.

Un fait est certain bien que nous ayons collaboré et que nous nous soyons associés dans divers secteurs d'entreprises communes même avant l'ère coloniale, cela ne nous a pas donné l'identité continentale et la force politique et économique qui pourraient nous aider à résoudre efficacement les problèmes complexes que doit affronter l'Afrique aujourd'hui. S'il s'agit de l'assistance extérieure, une Afrique unie se trouverait dans une position beaucoup plus favorable pour l'attirer. Il existe aussi dans un arrangement de cette nature, ce nouvel avantage qui impose davantage encore cette voie, que l'assistance affluera de toutes parts vers une Afrique unie parce que nos possibilités de marchandage seront infiniment plus fortes. Nous cesserons de dépendre plus longtemps d'une aide accompagnée de conditions restrictives. Le monde entier sera à notre disposition.

Qu'attendons-nous maintenant en Afrique ? Attendons-nous des chartes conçues à l'exemple de celle des Nations-Unies ? Attendons-nous un type d'Organisation réalisé sur le modèle des Nations-Unies dont les décisions sont fondées sur des résolutions dont l'expérience nous apprend qu'elles ont été parfois tenues pour nulles et non avenues par des Etats Membres ? Doit-il s'agir d'une organisation à l'intérieur de laquelle des groupes se constitueront et des pressions s'exerceront conformément aux intérêts des différents groupes ? Ou bien, a-t-on l'intention que l'Afrique se transforme en une organisation assez lâche d'Etats sur le modèle des Etats américains , où ceux qui seront les plus faibles risquent d'être à la merci, sur le plan politique ou économique, des plus forts ou des plus puissants, et où tous les Etats seront à la merci de quelques puissantes nations ou de quelques groupes de nations étrangères est-ce une association de cette nature que nous voulons réaliser Excellences, permettez-moi de vous poser une question : Est-ce un cadre ? Un arrangement qui à l'avenir pourrait permettre par exemple au Ghana, au Nigéria, au Soudan, au Libéria, à l'Egypte ou à l'Ethiopie d'employer la pression que confère une puissance économique ou une puissance politique supérieure, pour imposer, par exemple, au Burundi, au Togo ou au Nyassaland, une direction de leurs échanges commerciaux vers le Mozambique ou Madagascar ?

Nous voulons tous une Afrique unie, et non seulement dans le concept qu'indique ce terme d'unité, mais encore par notre désir d'aller de l'avant tous ensemble en résolvant tous les problèmes qui ne peuvent l'être que sur une base continentale.

Quand le premier congrès des Etats-Unis s'est réuni, il y a plusieurs années à Philadelphie, l'un des délégués fit vibrer la première corde d'unité en déclarant qu'ils se réunissaient dans « l'état de nature ». En d'autres termes, il ne se trouvait pas à Philadelphie en qualité de Virginiens ou de Pennsylvaniens, mais bien d'Américains représentaient à cette époque une nouvelle et étrange expérience. Puis-je me permettre d'attester également aujourd'hui, Excellences, que nous ne sommes pas réunis en qualité de Ghanéens, de Guinéens, d'Egyptiens, d'Algériens, de Marocains, de Maliens, de Libériens, de Congolais ou de Nigériens, mais en qualité d'Africains. Ce sont des Africains qui se trouvent réunis dans le ferme propos de rester rassemblés jusqu'à ce qu'ils aient décidé entre eux quelles sont les garanties qu'un nouvel accord de gouvernement continental peut leur assurer actuellement et dans l'avenir.

Si nous réussissons à mettre sur pied une nouvelle série de principes comme base d'une nouvelle charte ou d'un statut portant création de l'unité continentale de l'Afrique et d'un progrès social et politique pour nos peuples, alors, à mon avis, notre conférence doit sonner la fin de nos divers groupes et blocs régionaux. Mais si nous échouons et si nous laissons s'écouler cette noble et historique occasion qui nous est offerte, nous déclencherons alors un renforcement de dissension et de division que le peuple africain ne nous pardonnera jamais. Nous serions condamnés par les forces et les mouvements populaires et progressistes qui existent à l'intérieur de l'Afrique. Aussi, suis-je certain que nous n'allons pas décevoir ces espérances.

Excellences, si j'ai parlé un peu longuement, c'est parce qu'il est nécessaire que nous expliquions la situation réelle, non seulement à chacun de ceux qui sont présents ici, mais aussi aux peuples qui nous ont confiés le sort et la destinée de l'Afrique. Nous ne devons donc pas partir d'ici tant que nous n'aurons pas mis sur place tout un mécanisme efficace pour la réalisation de l'Unité africaine. A cette fin, je propose à votre examen les mesures suivantes :

Comme première démarche, une déclaration des principes qui nous unissent et qui nous lient, à laquelle nous devrons tous adhérer fidèlement et loyalement et qui posera les fondations de l'Unité. Nous devons également une déclaration officielle, aux termes de laquelle les Etats indépendants d'Afrique décident eux-mêmes et dès maintenant la création d'une Union des Etats africains.

Une seconde mesure, également urgente, pour la réalisation de l'unification de l'Afrique, c'est la création, dès maintenant, d'un comité panafricain des ministres des affaires étrangères, avant que nous partions de cette Conférence, une date devra être fixée avant la réunion de ce comité.

Ce comité doit créer au nom des Chefs de nos gouvernements, un organe permanent de fonctionnaires et d'experts chargés de mettre en œuvre l'organisation qui doit assurer le fonctionnement du gouvernement d'union africaine. Cet organisme de fonctionnaires et d'experts doit être composé de deux meilleurs cerveaux de chaque Etat africain indépendant. Les diverses chartes des groupements actuels et les autres documents pertinents pourront être présentés à ces fonctionnaires et experts. Un présidium composé de Chefs de gouvernement des Etats africains indépendants devra alors être convoqué pour adopter une Constitution et d'autres recommandations qui déclencheront le lancement du gouvernement de l'union de l'Afrique.

Nous devons également nous prononcer sur le choix de l'emplacement où travaillera cet organe de fonctionnaires et d'experts, qui constituera le nouveau siège central, ou la capitale de notre Gouvernement d'union. Les suggestions les plus équitables pourraient portées sur une cité centrale, soit à Bangui, dans la République du Centre Afrique, soit à Léopoldville, au Congo. Nos collègues peuvent avoir d'autres propositions. Quoi qu'il en soit, ce Comité des ministres des Affaires étrangères, de fonctionnaires et d'experts doit pouvoir créer :

1) une commission chargée d'élaborer une Constitution pour un gouvernement d'union des Etats africains ;

2) une commission chargée d'élaborer un plan d'envergure continentale qui organiserait un programme économique et industriel unifié et commun pour l'Afrique ; ce programme doit comporter des propositions sur la création :

   a) d'un marché commun pour l'Afrique ;
   b) d'une monnaie africaine ;
   c) d'une zone monétaire africaine ;
   d) d'une Banque centrale africaine ;
   e) d'un système continental de télécommunications ;

3) Une commission chargée d'élaborer un plan détaillé de politique extérieure et de diplomatie commune ;

4) Une commission chargée de présenter des plans de systèmes communs de défense ;

5) Une commission chargée de présenter les propositions de création d'une citoyenneté africaine commune.

Ces commissions feront rapport au Comité des ministres des Affaires étrangères qui, à son tour, soumettra dans les six mois, leurs recommandations au présidium. Celui-ci, réuni en conférence au Siège de l'union étudiera et approuvera les recommandations du Comité des ministres des Affaires étrangères.

Afin d'assurer les fonds immédiatement nécessaires pour les travaux des fonctionnaires et experts permanents du Siège de l'Union, je suggère qu'un comité spécial soit constitué pour mettre au point un projet de budget.

Excellences, au moyen de ces mesures, je considère que nous serons irrévocablement engagés sur la voie qui nous permettra de créer un Gouvernement d'Union pour l'Afrique. Seule une Afrique unie, dotée d'une direction politique centrale pourra donner avec succès un appui matériel et moral effectif à nos combattants de la libération qui luttent dans la Rhodésie du Sud, et l'Angola, le Mozambique, l'Afrique du Sud-ouest, le Betchouanaland, le Swaziland, le Bassoutoland, la Guinée portugaise, etc., etc. et naturellement l'Afrique du Sud. L'Afrique tout entière doit être libérée maintenant. Il est donc impérieux pour nous de créer ici même et dès maintenant un Bureau de libération au service des combattants africains.

Son principal objectif, auquel doivent souscrire tous les gouvernements, sera d'accélérer l'émancipation du reste de l'Afrique qui se trouve encore soumise à la domination et à l'oppression coloniale et raciste. Nous devons assumer en commun la responsabilité d'aider et de financer ce bureau. Lors de leurs accès à l'indépendance, ces territoires viendront automatiquement rejoindre l'union d'Etats africains et renforcer ainsi la structure de .... L'Afrique. Nous partirons d'ici en ayant jeté les fondements de notre Unité.

Excellences, rien ne saurait convenir davantage que la naissance de l'unification de l'Afrique sur le sol de l'Etat qui s'est dressé pendant des siècles comme le symbole de l'indépendance africaine.

Revenons à nos peuples d'Afrique, non pas les mains vides ou chargées de résolutions claironnantes, mais avec le ferme espoir et la certitude absolue qu'enfin l'Unité africaine est devenue une réalité. Nous entreprendrons alors la marche triomphale vers le Royaume de la personnalité africaine, et vers un continent de prospérité, de progrès, d'égalité, de justice, d'activité et de bonheur. Ce sera là notre victoire, réalisée au sein d'un gouvernement continental d'une Union d'Etats africains. Cette victoire donnera à notre voix une force plus grande dans les affaires mondiales et nous permettra de peser plus fortement du côté de la paix dans le plateau de la balance.

Le monde a besoin d'une paix où il pourra bénéficier au maximum des bienfaits de la science et de la technique. Un grand nombre de maux dont souffre actuellement le monde réside dans l'insécurité et la peur engendrées par la menace de guerre nucléaire. Les nouvelles nations ont, tout particulièrement besoin de la paix pour leur frayer un chemin dans une vie de bien-être économique et social dans une atmosphère de sécurité et de stabilité qui permettra des .... morales, culturelles et spirituelles.

Si nous pouvons en Afrique donner l'exemple d'un continent uni et une politique et une résolution commune, nous aurons apporté la paix à laquelle aspirent   aujourd'hui tous les hommes et les femmes, la plus belle contribution qui soit en notre possession qui dissipera immédiatement et à jamais l'ombre croissante de destruction globale qui menace l'humanité.

L'AFRIQUE DOIT S'UNIR.